Martin
Schmidthausen
Agsten

Arbeitsheft VWL + BWL

für die Eingangsklasse im beruflichen Gymnasium (WG)

Merkur
Verlag Rinteln

Wirtschaftswissenschaftliche Bücherei für Schule und Praxis
Begründet von Handelsschul-Direktor Dipl.-Hdl. Friedrich Hutkap †

Verfasser:

Michael Martin
Michael Schmidthausen
Sven Agsten

Bilddatenverzeichnis:
Coverbild (oben): © CandyBox Images – Fotolia.com
(unten): © Robert Kneschke – Fotolia.com
Seite 46: © Bundeskartellamt

* * * * *

2. Auflage 2018

Gesamtherstellung:
Merkur Verlag Rinteln Hutkap GmbH & Co. KG, 31735 Rinteln

E-Mail: info@merkur-verlag.de
lehrer-service@merkur-verlag.de
Internet: www.merkur-verlag.de

ISBN 978-3-8120-**1453-3**

Vorwort

Das Arbeitsheft richtet sich exakt nach dem aktuellen Bildungsplan für das Fach **„Volks- und Betriebswirtschaftslehre" im beruflichen Gymmasium Wirtschaft – Wirtschaftswissenschaftliche Richtung (WG)** in Baden-Württemberg vom 30. Juni 2016 aus.

Die folgenden **Lehrplaneinheiten der Eingangsklasse** werden inhaltlich abgedeckt:

Lehrplaneinheit 1: Grundlagen ökonomischen Denkens und Handelns
Lehrplaneinheit 2: Wirtschaftsordnung und Wirtschaftskreislauf in der Bundesrepublik Deutschland
Lehrplaneinheit 3: Rechtliche Grundlagen des Handelns privater Haushalte
Lehrplaneinheit 4: Betriebswirtschaftliche Grundlagen des Handelns privater Unternehmen
Lehrplaneinheit 5: Einführung in das externe Rechnungswesen

Zusätzliche **Aufgaben zum Profil Finanzmanagement** runden das Lernpaket ab.

Die Lehrplaneinheiten werden in Form von **situativen Aufgabenstellungen** konkretisiert. Das Heft vertieft auf diese Weise den Gedanken der Kompetenzorientierung (situationsbezogen – problemorientiert – kompetenzfördernd) und dokumentiert aufgrund seines Workbook-Charakters den Kompetenzerwerb.

Schulbuch Kap. x.x

Die einzelnen Abschnitte des Arbeitsheftes sind passgenau mit dem **Merkurbuch 0453** (Schulbuch „Volks- und Betriebswirtschaftlehre für das berufliche Gymnasium – Eingangsklasse", 15. Auflage 2017) abgestimmt. Die **Kapitelverweise** am Rande der Einstiegssituationen erleichtern die eventuell notwendige Informationsbeschaffung. Daher wäre ein **paralleler Einsatz ideal**. Die Kapitelhinweise zu den zusätzlichen **Aufgaben zum Finanzmanagement** beziehen sich auf das **Merkurbuch 0628.**

Jeder Abschnitt beginnt mit einem **situationsbezogenen** und in der Regel problemorientierten Einstieg. Ausgangspunkt hierfür ist die fiktive **Ulmer Büromöbel AG,** ein Industriebetrieb, der moderne Büromöbel herstellt. Angeleitet durch die darauf folgenden Arbeitsaufträge sollen die Schülerinnen und Schüler zunächst das vorgegebene **Problem selbstständig lösen** und schließlich zu einer vertiefenden Auseinandersetzung mit den jeweiligen Themenbereichen gelangen. Ein hervorgehobenes Ziel bei der Erstellung dieses Bandes ist gewesen, **methodische Vielseitigkeit** zu gewährleisten.

Um dem Gedanken der Prozessorientierung gerecht zu werden, sollten die einzelnen Abschnitte **im Idealfall Stück für Stück** in der vorgegebenen Reihenfolge durchgearbeitet werden. Jede Situation „funktioniert" jedoch in der Regel auch für sich genommen, sodass die Situationen **bei Bedarf auch punktuell** eingesetzt werden können.

Die Entscheidung, ob die Lernsituationen in **Einzel-, Partner- oder Gruppenarbeit** bearbeitet werden, wollen wir jeder Lehrkraft gerne selbst überlassen.

An einigen Stellen fordert das Autorenteam mit seinen Arbeitsaufträgen bewusst dazu auf, „über den Tellerrand zu schauen". Im Einklang mit den Ansprüchen an einen differenzierten Unterricht sind an diesen Stellen **anspruchsvolle Transferleistungen** gefragt. Diese Arbeitsaufträge werden mit dem nebenstehenden Symbol gekennzeichnet.

Kißlegg, Duisburg und Sigmarszell, im Sommer 2018

Die Verfasser

Inhaltsverzeichnis

Die Ulmer Büromöbel AG kennenlernen

Lehrplaneinheit 1: Grundlagen ökonomischen Denkens und Handelns

Lehrplaneinheit 2: Wirtschaftsordnung und Wirtschaftskreislauf in der Bundesrepublik Deutschland

Lehrplaneinheit 3: Rechtliche Grundlagen des Handelns privater Haushalte

Lehrplaneinheit 4: Betriebswirtschaftliche Grundlagen des Handelns privater Unternehmen

Lehrplaneinheit 5: Einführung in das externe Rechnungswesen

Zusätzliche Aufgaben zum Profil Finanzmanagement

Die Ulmer Büromöbel AG kennenlernen

Situation:

Die Ulmer Büromöbel AG, ein Industrieunternehmen in Baden-Württemberg, produziert moderne Büromöbel. Das Unternehmen befindet sich im Ulmer Gewerbepark. Die Ulmer Büromöbel AG wendet sich mit ihren Produkten an Unternehmen sämtlicher Branchen. Privatpersonen zählen bislang kaum zu der anvisierten Zielgruppe, wenngleich mittlerweile ein Online-Shop existiert. Der Vertrieb der Büromöbel erfolgt überwiegend auf direktem Absatzweg an Kunden in ganz Deutschland. Vereinzelt werden auch exklusive Büroeinrichtungshäuser beliefert.

Die Ulmer Büromöbel AG ist seit mehreren Jahren auf dem Markt für Büromöbel eingeführt und behauptet sich dort erfolgreich gegen ihre Wettbewerber. Hervorgegangen ist die Ulmer Büromöbel AG aus der von Daniel Stein, Karin Brand und Klaus Meier gegründeten SBM Büromöbel OHG, die später unter neuem Namen in eine Aktiengesellschaft umgewandelt wurde.

UB Ulmer Büromöbel AG

Anschrift:

Ulmer Büromöbel AG
Industriepark 5
89073 Ulm

Telefon, Telefax und E-Mail:

Telefon: 0731 3879-0
Telefax: 0731 3879-1
E-Mail: info@ubmag.de

Bankverbindung:

Commerzbank Ulm
IBAN: DE85 6304 0053 0041 4400 18
BIC: COBADEFFXXX

Sparkasse Ulm
IBAN: DE61 6305 0000 0041 4500 75
BIC: SOLADES1ULM

Die Produkte werden nach Kundenauftrag gefertigt. Das derzeitige Produktionsprogramm umfasst insbesondere folgende Produktgruppen:

Produktgruppe I:	Schreibtische
Produktgruppe II:	Bürostühle
Produktgruppe III:	Büroschränke

Innerhalb einer Produktgruppe sind verschiedene Modelle erhältlich.

Die Produkte werden überwiegend in Serie gefertigt. Wenn vom Kunden gewünscht, werden jedoch auch Spezialanfertigungen hergestellt.

Die Zahl der Mitarbeiter hat in den vergangenen Jahren aufgrund der positiven Geschäftsentwicklung stetig zugenommen.

Zurzeit sind ca. 420 Mitarbeiter bei der Ulmer Büromöbel AG beschäftigt.

Die Ulmer Büromöbel AG ist gemäß dem Stabliniensystem aufgebaut. Der Vorstand besteht aus drei Mitgliedern.

Dem Vorstand unterstehen die vier Bereichsleiter. Diese sind den Abteilungsleitern ihrer Bereiche gegenüber weisungsbefugt, die wiederum nur ihren Mitarbeitern Weisungen erteilen dürfen. Darüber hinaus gibt es zwei Stabsabteilungen, die den Vorstand beraten. Deren Leiter sind den Bereichsleitern nicht weisungsbefugt.

Das nachfolgende Organigramm verdeutlicht die Aufbauorganisation der Ulmer Büromöbel AG.

Organigramm der Ulmer Büromöbel AG

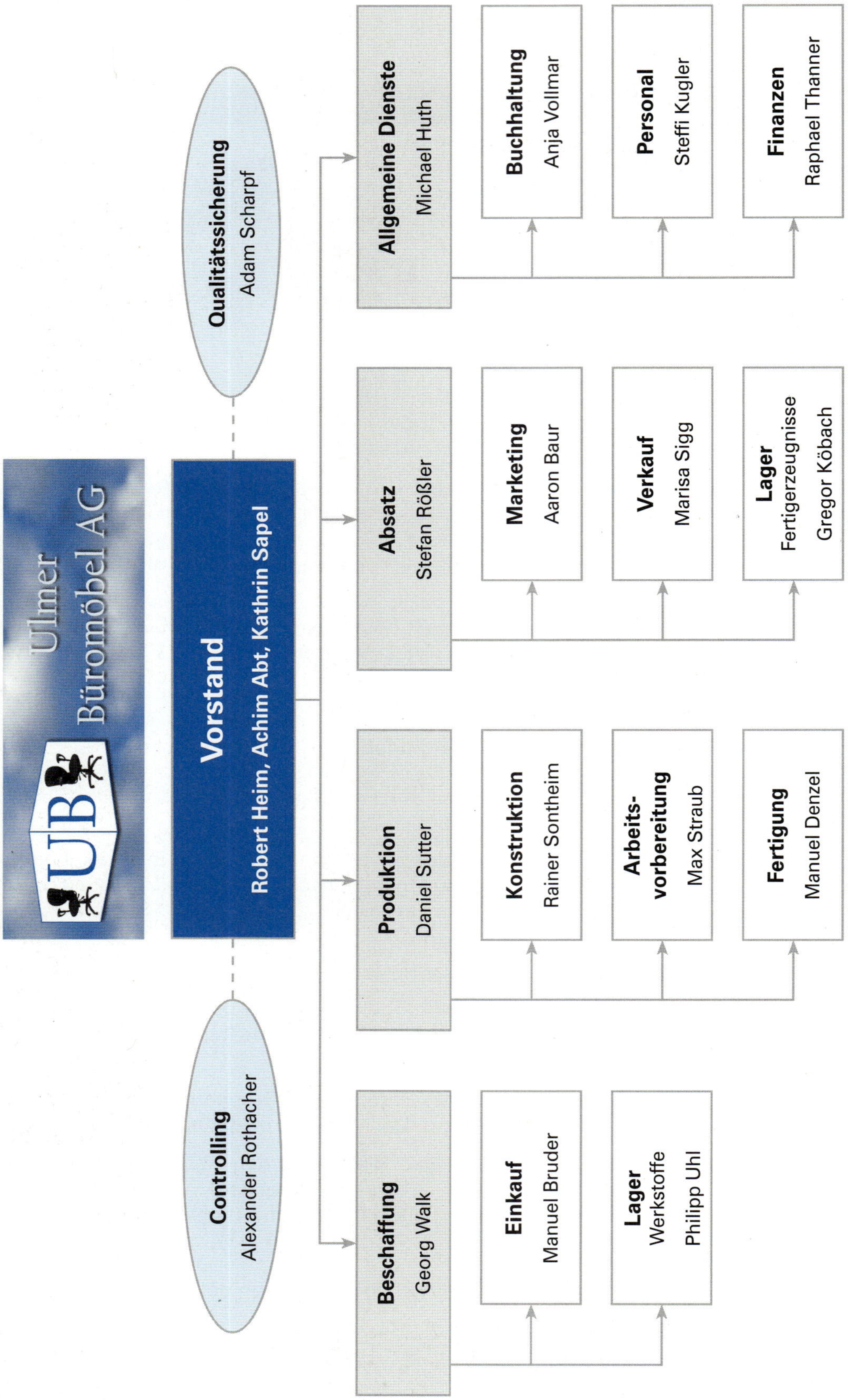

Arbeitsauftrag:

Verschaffen Sie sich einen Überblick über die Ulmer Büromöbel AG. Nutzen Sie hierzu das folgende Auswertungsformular.

Auswertungsformular

Auswertung — Ulmer Büromöbel AG

1. Unternehmensart: ➤ ____________________
2. Branche: ➤ ____________________
3. Produktgruppen: ➤ ____________________
   ➤ ____________________
   ➤ ____________________
4. Gesellschaftsform (Rechtsform): ➤ ____________________
5. Hervorgegangen aus: ➤ ____________________
6. Standort: ➤ ____________________
7. Verkaufsgebiet: ➤ ____________________
8. Vertriebsweg: ➤ ____________________
9. Kundenzielgruppe: ➤ ____________________
10. Fertigung: ➤ ____________________
    ____
11. Zahl der Mitarbeiter: ➤ ____________________
12. Aufbauorganisation: ➤ ____________________
    - ________ Vorstand
    - ________ Bereiche
    - ________ Abteilungen
    - ________ Stabsabteilungen mit ______________ Funktion

2 Martin u.a. - ISBN 978-3-8120-1453-3

Lehrplaneinheit 1: Grundlagen ökonomischen Denkens und Handelns

Schulbuch Kap. 1.1

1 Motive für wirtschaftliches Handeln

Situation:

Die Ulmer Büromöbel AG steht vor einem Entscheidungsproblem: Die momentan sehr gute wirtschaftliche Auftragslage führt dazu, dass die vorhandenen Kapazitäten in der Produktion knapp werden. Die Vorstandschaft der Ulmer Büromöbel AG denkt daraufhin über eine Erweiterung der Kapazitäten nach, idealerweise im Gewerbepark Ulm.

Herr Heim, ein Vorstandsmitglied der Ulmer Büromöbel AG, wendet sich mit seinem Anliegen direkt an den Oberbürgermeister der Stadt Ulm. Der Bürgermeister prüft die Anfrage der Ulmer Büromöbel AG und bietet ein Grundstück mit einer Fläche von 2000 m^2 zu einem Preis in Höhe von 450000,00 EUR an. Gleichzeitig macht er Herrn Heim darauf aufmerksam, dass dies das letzte freie Grundstück im Gewerbepark Ulm ist und er bereits mehrere Anfragen für das Grundstück vorliegen hat.

Des Weiteren sollte die Ulmer Büromöbel AG dringend in eine neue Produktionsmaschine für die Möbelproduktion investieren. Die Firma Knoll Maschinenbau GmbH in Bad Saulgau hat von mehreren Angeboten das günstigste in Höhe von 483850,65 EUR.

Herr Heim ist verzweifelt, denn er hat nur ein Budget in Höhe von 500000,00 EUR für den Grundstückskauf und die Investition in die neue Maschine zur Verfügung.

Arbeitsaufträge:

1. Erläutern Sie die Begriffe Bedürfnis, Bedarf und Nachfrage unter Berücksichtigung der Situation.

Bedürfnis	
Bedarf	
Nachfrage	

2. Zeigen Sie am Beispiel der Ausgangssituation die konkreten Zusammenhänge zwischen Bedürfnis, Bedarf und Nachfrage auf, indem Sie die folgende Abbildung vervollständigen und die von Ihnen eingetragenen Begriffe erläutern.

Hinweis: Gehen Sie davon aus, dass sich der Vorstand für den Grundstückskauf entscheidet.

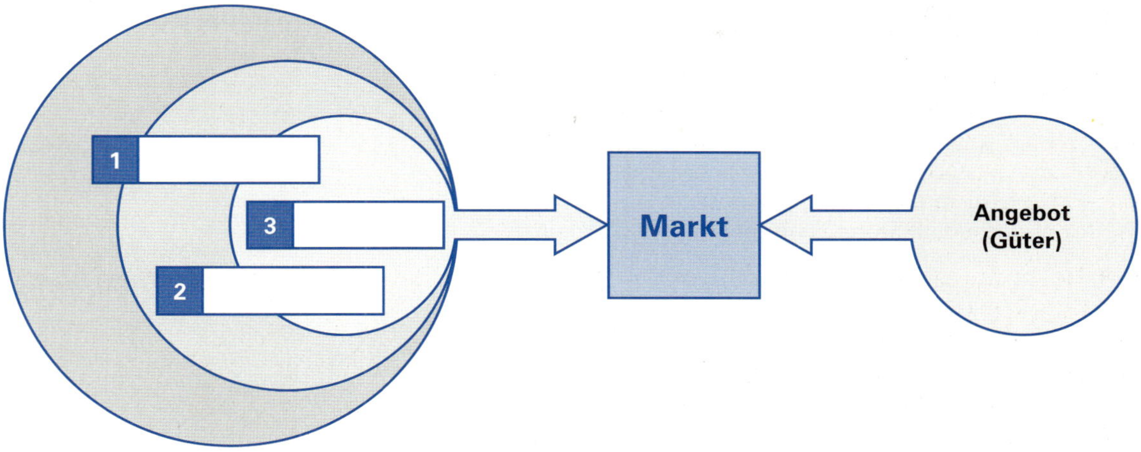

Zu 1: ______________________________

____

____

Zu 2: ______________________________

____

____

Zu 3: ______________________________

____

____

3. Beurteilen Sie, inwieweit in der beschriebenen Situation Güterknappheit vorliegt, und begründen Sie Ihre Meinung.

____

____

____

____

____

____

____

____

____

____

4. Nachfolgend dargestellte Situationen beschreiben Beispiele aus dem Alltag der Ulmer Büromöbel AG und ihrer Mitarbeiter.

   Begründen Sie anhand der Bilder und Situationen, woran jeweils Knappheit herrscht.

Situation	Begründung
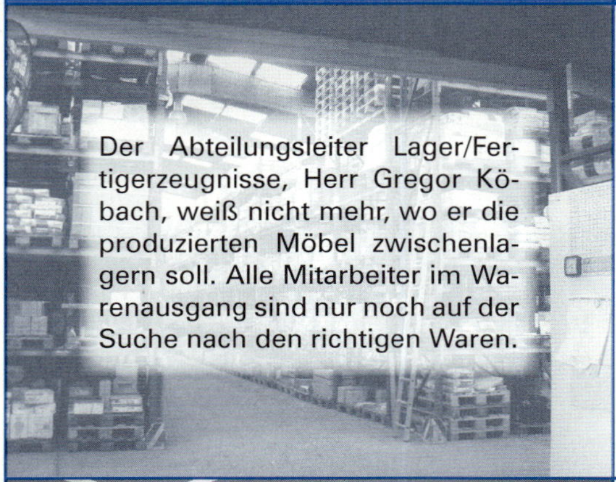 Der Abteilungsleiter Lager/Fertigerzeugnisse, Herr Gregor Köbach, weiß nicht mehr, wo er die produzierten Möbel zwischenlagern soll. Alle Mitarbeiter im Warenausgang sind nur noch auf der Suche nach den richtigen Waren.	
 Jasmin Schröder, 22-jährige Mitarbeiterin in der Buchhaltungsabteilung, möchte ihren gebrauchten VW Golf verkaufen und sich dafür ein Mini Cabrio als Neuwagen kaufen, um bei ihren Freundinnen Eindruck zu hinterlassen.	
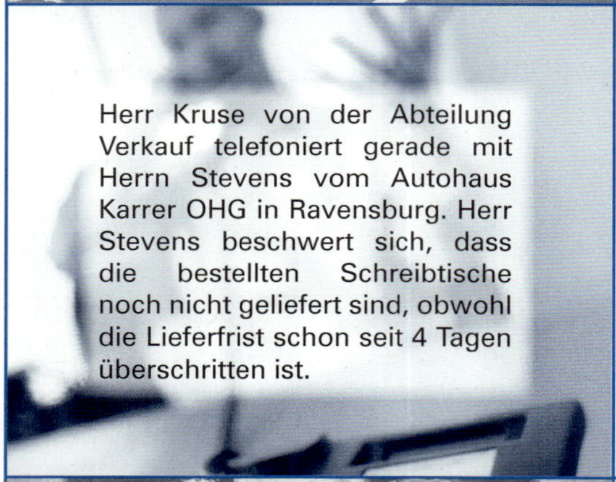 Herr Kruse von der Abteilung Verkauf telefoniert gerade mit Herrn Stevens vom Autohaus Karrer OHG in Ravensburg. Herr Stevens beschwert sich, dass die bestellten Schreibtische noch nicht geliefert sind, obwohl die Lieferfrist schon seit 4 Tagen überschritten ist.	
 Der Preis für den Rohstoff Holz ist gestiegen.	

5. Der Oberbürgermeister der Stadt Ulm weiß: Knappe und umworbene Güter sind besonders begehrenswert.

   Beschreiben Sie, worauf dies zurückzuführen ist.

6. Nennen Sie drei Beispiele, wie Unternehmen Güter künstlich knapp halten und begehrenswert machen.

   ➤

   ➤

   ➤

7. Erläutern Sie in eigenen Worten den Begriff Opportunitätskosten unter Berücksichtigung der Situation.

   Hinweis: Recherchieren Sie hierzu in Ihrem Schulbuch.

Schulbuch Kap. 1.2

2 Ökonomisches Prinzip

Situation:

Der Vorstand der Ulmer Büromöbel AG hat nun die Entscheidung getroffen, in neue Maschinen für die Herstellung von Büromöbel zu investieren. Diesbezüglich kommt es zu einem Gespräch zwischen Herrn Heim und dem Produktionsleiter Herrn Sutter.

Herr Heim: Guten Morgen, Herr Sutter, ich kann Ihnen eine erfreuliche Nachricht mitteilen. Ihre Ideen, die Produktion effizienter zu gestalten, werden nun umgesetzt. Die Vorstandschaft hat entschieden, die dafür benötigten neuen Maschinen zu beschaffen.

Herr Sutter: Guten Morgen, Herr Heim, diese Nachricht freut mich. In diesem Fall können wir unsere Produktion durch den Einsatz computergestützter Fertigungsanlagen komplett miteinander vernetzen und sämtliche benötigten Informationen bereitstellen.

Herr Heim: ... Herr Sutter, was meinen Sie damit?

Herr Sutter: Naja, ich denke da an eine hochautomatisierte Fertigungsstraße, d.h., alle Maschinen sind miteinander vernetzt, tauschen Informationen aus und jeder Mitarbeiter weiß genau, wann er was zu tun hat.

Herr Heim: Hm, Sie meinen es werden nur noch die Holzbretter in die Maschine gegeben und am Ende kommt das fertige Möbelstück heraus?

Herr Sutter: Ganz so einfach geht es leider nicht, aber die Produktionsprozesse können vereinfacht und automatisiert werden. Ich war vor Kurzem auf der Messe „Automatica" in München. Dort wurden sehr gute Lösungen angeboten.

Herr Heim: Herr Sutter, ich möchte Ihre Ansätze nicht klein reden, aber wir haben für die Investitionen nur ein Budget von 500 000,00 EUR zur Verfügung. Optimal ist es, wenn das Budget nicht komplett benötigt wird, denn wir dürfen die Kosten nicht außer Acht lassen. Da Sie bereits auf der Messe waren, kennen Sie den neusten Stand der Technik. Können Sie sich bitte Gedanken darüber machen, welche Lösung für die Ulmer Büromöbel AG die optimale ist? Aber bedenken Sie bitte: Fällen Sie Ihre Entscheidungen rational!

Arbeitsaufträge:

1. Herr Sutter hat nun den Auftrag bekommen, die optimale Entscheidung zu treffen. Erläutern Sie, nach welchen ökonomischen Prinzipien Herr Sutter handeln kann!

   Hinweis: Vervollständigen Sie dazu die nachstehende Abbildung.

Möglichkeit 1:	Möglichkeit 2:

Gegebene Größe:	Gegebene Größe:
Gesuchte Größe:	**Gesuchte Größe:**
Erläuterung ____________ -prinzip	**Erläuterung ____________ -prinzip**

2. Begründen Sie, welches ökonomische Prinzip bei nachfolgenden Beispielen dargestellt wird.

2.1 Herr Sutter setzt fünf Maschinen so ein, dass an einem Tag möglichst viele Bürostühle hergestellt werden können.

____

____

2.2 Die Ulmer Büromöbel AG will den Rohstoff Holz so günstig wie möglich einkaufen.

____

____

2.3 Die Ulmer Büromöbel AG möchte ein neues Verwaltungsgebäude bauen. Vor Vergabe der Aufträge an die einzelnen Bauunternehmen vergleicht das Unternehmen entsprechende Angebote, um das günstigste anzunehmen.

____

____

2.4 Aus einem großen Stück Leder sollen möglichst viele Teile herausgestanzt werden, um Bürostühle einer bestimmten Qualität herzustellen.

____

____

2.5 Die 18-jährige Auszubildende Tina Werner hat gerade ihren Führerschein erworben und hat Interesse an einem gebrauchten VW Golf, der zu einer Verhandlungsbasis von 3500,00 EUR angeboten wird.

____

____

2.6 Herr Heim wohnt in Ulm und hat sich eine Jahreskarte für den öffentlichen Nahverkehr gekauft. Herr Heim möchte die Jahreskarte durch häufiges Fahren mit Bus und Bahn möglichst gut ausnutzen.

____

____

Ökonomisches Handeln ist notwendig, weil: ______________________________

____

____

____

____

3. Betrachten Sie die Ausgangssituation sowie die Ergebnisse aus Arbeitsauftrag 1.

Leiten Sie daraus die Notwendigkeit ökonomischen Handelns aus Sicht der Konsumenten und Produzenten ab.

Ökonomisches Handeln		
Prinzip	**aus Sicht der Konsumenten**	**aus Sicht der Produzenten**
Minimalprinzip		
Maximalprinzip		

4. Finden Sie aus Ihrem täglichen Leben zwei Beispiele, in denen Sie das ökonomische Prinzip anwenden.

Beispiel 1	
Beispiel 2	

5. Herr Sutter erinnert sich an die Worte von Herrn Heim, die Entscheidung über den Einsatz möglicher Maschinen rational zu treffen.

   Erläutern Sie in diesem Zusammenhang den Begriff „rationales Handeln".

Rationales Handeln

3 Martin u.a. - ISBN 978-3-8120-1453-3

6. In den folgenden Aufgaben stehen Sie als Schülerin bzw. Schüler im Mittelpunkt des ökonomischen Verhaltens.

   6.1 Lesen Sie die Infobox zum Thema „Homo oeconomicus" aufmerksam durch und halten Sie alle wichtigen Informationen hinsichtlich des Verhaltens eines Homo oeconomicus in Stichpunkten fest.

Infobox

Homo oeconomicus

Modellvorstellung der Wirtschaftstheorie eines idealen, ausschließlich nach wirtschaftlichen Gesichtspunkten denkenden und handelnden Menschen. Der Homo oeconomicus kennt nur ökonomische Ziele und ist besonders durch Eigenschaften wie rationales Verhalten, das Streben nach größtmöglichem Nutzen (Nutzenmaximierung), die vollständige Kenntnis seiner wirtschaftlichen Entscheidungsmöglichkeiten und deren Folgen sowie die vollkommene Information über alle Märkte und Eigenschaften sämtlicher Güter (vollständige Markttransparenz) charakterisiert. Das Ideal des Homo oeconomicus dient dazu, elementare wirtschaftliche Zusammenhänge in der Theorie durchsichtig und ohne praktische Unzulänglichkeiten beschreiben zu können.

Quelle: https://www.bpb.de/nachschlagen/lexika/lexikon-der-wirtschaft/19635/homo-oeconomicus, 05.06.2018

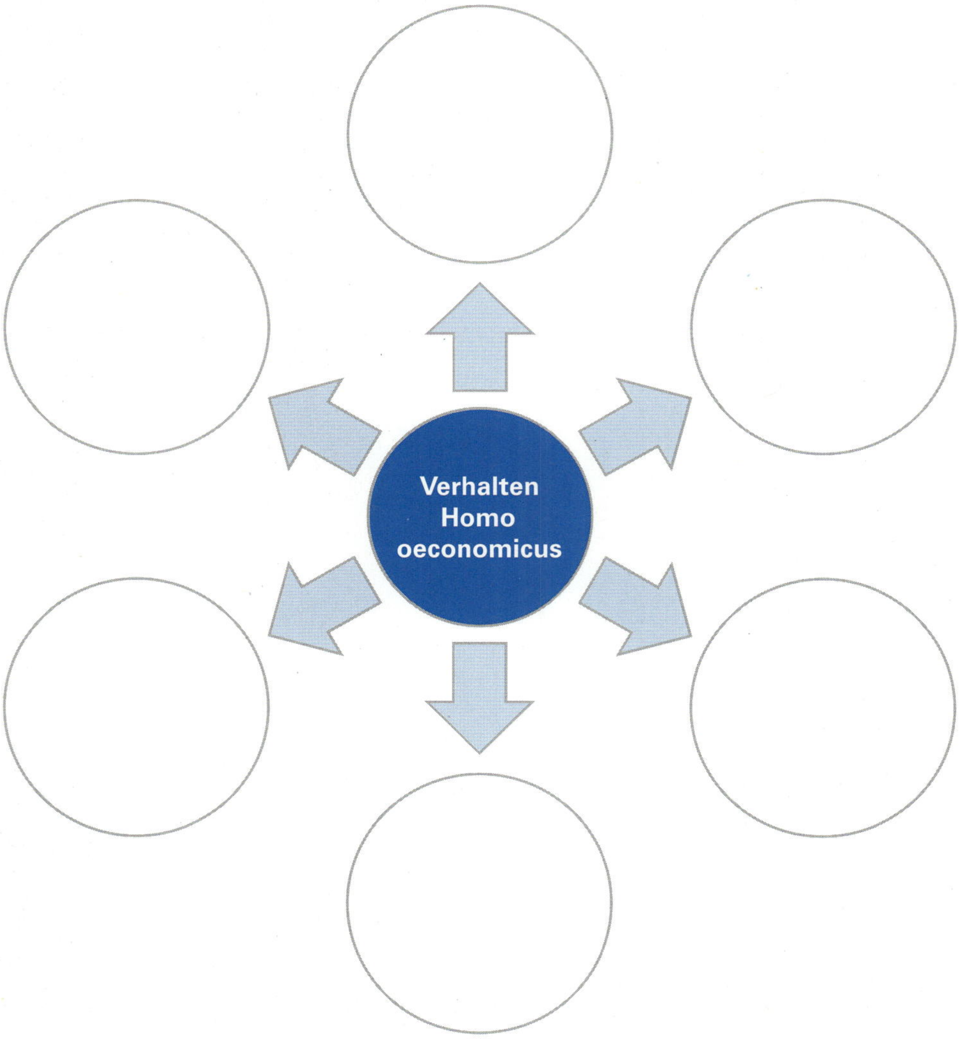

6.2 Nachdem Sie Informationen zum Homo oeconomicus herausgearbeitet haben, gilt es nun Ihr ökonomisches Verhalten herauszufinden. Testen Sie sich selbst mit einem Experiment.

Anleitung zum Ultimatum-Spiel

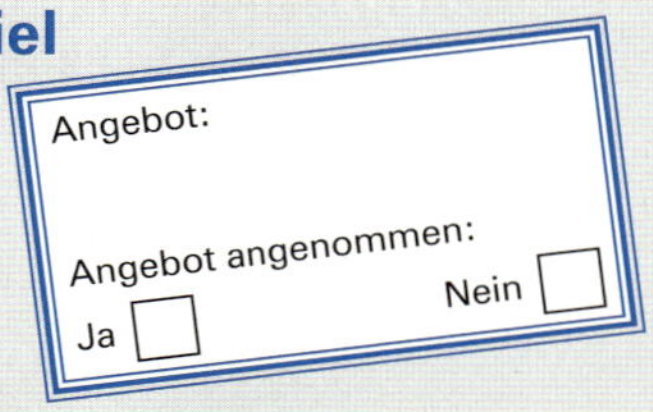

- Die Klasse wird in Paare eingeteilt (hintereinander).
- Jedes Paar erhält ein Kuvert mit einem Entscheidungszettel (Angebotszettel).
- Jedes Paar besteht aus einem Anbieter und aus einem Empfänger.

Arbeitsauftrag Anbieter:

Bitte lesen Sie in **Einzelarbeit** die Anleitung zum Experiment durch. Führen Sie dann in **Partnerarbeit (Sie und Ihr Mitschüler hinter Ihnen)** das Experiment durch.

Arbeitsauftrag Empfänger:

Bitte lesen Sie in **Einzelarbeit** die Anleitung zum Experiment durch. Führen Sie dann in **Partnerarbeit (Sie und Ihr Mitschüler vor Ihnen)** das Experiment durch.

Spielanleitung für den Anbieter

Ihnen und Ihrem Partner (Mitschüler hinter Ihnen) werden 100,00 EUR geschenkt, mit der Vorgabe, diesen Betrag zwischen Ihnen beiden aufzuteilen.

Sie dürfen bestimmen, wie Sie die Summe untereinander aufteilen, beispielsweise 90,00 EUR für Sie und 10,00 EUR für Ihren Partner oder jede andere Aufteilung.

Schreiben Sie die Aufteilung auf den im Kuvert beigefügten Zettel (z. B. „Ich: 90,00 EUR – Du: 10,00 EUR"), stecken Sie den Zettel in das Kuvert und überreichen Sie das Kuvert Ihrem Partner. Ihr Partner entscheidet jetzt, ob er die Aufteilung auf dem Zettel akzeptiert. Wenn Ihr Partner das Angebot ablehnt, bekommen Sie beide nichts.

Sie dürfen mit Ihrem Partner während des Spiels nicht kommunizieren!

Spielanleitung für den Empfänger

Ihnen und Ihrem Partner (Mitschüler vor Ihnen) werden 100,00 EUR geschenkt, mit der Vorgabe, diesen Betrag zwischen Ihnen beiden aufzuteilen.

Ihr Partner darf bestimmen, wie die Summe untereinander aufgeteilt wird, beispielsweise 10,00 EUR für Sie und 90,00 EUR für Ihren Partner oder jede andere Aufteilung.

Sie erhalten ein Kuvert von Ihrem Partner mit einem Zettel, auf dem die Aufteilung (z. B. „Ich: 90,00 EUR – Du: 10,00 EUR") notiert ist. Sie entscheiden jetzt, ob Sie die Aufteilung auf dem Zettel akzeptieren oder nicht. Wenn Sie das Angebot ablehnen, bekommen Sie beide nichts. Kreuzen Sie Ihre Entscheidung auf dem Zettel an.

Sie dürfen mit Ihrem Partner während des Spiels nicht kommunizieren!

- Die Ergebnisse werden mittels eines Ergebnisblattes festgehalten.

	Angebote von Anbieter an Empfänger in EUR	Reaktion von Empfänger (nimmt an/lehnt ab)
Paar 1		
Paar 2		
Paar 3		
⋮	⋮	⋮
	Ø Höhe der Angebote:	Ø Höhe der angenommenen Angebote:

Hinweis: Auf der Lehrerbegleit-CD befinden sich sowohl die Entscheidungszettel als auch die Spielanleitungen für den Anbieter und den Empfänger zusätzlich im PDF-Format.

6.3 Reflektieren Sie die Ergebnisse auf dem ausgefüllten Ergebnisblatt. Erläutern Sie, warum Sie Ihre Aufteilung so gewählt und warum Sie die Aufteilung angenommen/abgelehnt haben.

6.4 Beschreiben Sie, welche Erkenntnisse aus dem Experiment gewonnen werden können. Berücksichtigen Sie bei den Ausführungen Ihr Verhalten im Experiment und das eines Homo oeconomicus.

6.5 Beurteilen Sie, wie sich bei diesem Experiment ein Homo oeconomicus verhalten würde.

6.6 Erläutern Sie zwei Kritikpunkte zum Modell des Homo oeconomicus.

-
-

Schulbuch
Kap. 1.4

3 Güterarten

Situation:

Die Mittel, die unsere Bedürfnisse befriedigen, werden als Güter bezeichnet. Nur ein sehr geringer Teil der Güter, die wir zur Bedürfnisbefriedigung nutzen, werden von der Natur nahezu unbegrenzt bereitgestellt. Bei allen anderen Gütern ist wirtschaftliches Handeln notwendig. Auch die Ulmer Büromöbel AG sieht sich gezwungen, bei bestimmten ihr zur Verfügung gestellten Gütern wirtschaftlich zu handeln. Allerdings stößt das Unternehmen manchmal auch an Grenzen.

Arbeitsaufträge:

1. Informieren Sie sich im Schulbuch und im Internet über das Thema „Güterarten" und erstellen Sie mithilfe dieser Informationen ein zusammenfassendes Mindmap.

Güter

2. Nennen Sie jeweils ein Beispiel für nachfolgende Güterarten aus Sicht der Ulmer Büromöbel AG.

Güterart	Beispiel
Gebrauchsgut	
Verbrauchsgut	
Recht	
Dienstleistung	

3. Trittbrettfahrerproblem bei öffentlichen Gütern.

3.1 Erläutern Sie das Trittbrettfahrerproblem am Beispiel eines öffentlichen Parks.

3.2 Die Trittbrettfahrerproblematik kann auch mithilfe der Spieltheorie untersucht werden. Ein sehr bekanntes Beispiel ist das „Gefangenendilemma".

Das Ulmer Gewerbegebiet ist noch nicht voll erschlossen und es gibt keine Zusage seitens der Stadt Ulm über eine endgültige Fertigstellung aller benötigten Straßen. Der Vorstand der Ulmer Büromöbel AG, Herr Heim, ist mit der Situation sehr unzufrieden, da die fehlende Straße zur Produktionshalle u. a. große Probleme im täglichen Lkw-Verkehr verursacht. Daher möchte er eine öffentliche Straße zwischen dem Grundstück der Ulmer Büromöbel AG und dem Grundstück der Escatec GmbH, welche auf dem Nachbargrundstück produziert, selber bauen.

Daraufhin tritt Herr Heim mit der Geschäftsführung der Escatec GmbH in Kontakt.

Da es sich hierbei um eine öffentliche Straße handelt, hat die Stadt Ulm eine schnelle Zusage der Baugenehmigung in Aussicht gestellt. Die Kosten für den Straßenbau betragen 200 000,00 EUR. Die Ulmer Büromöbel AG wäre generell bereit, 160 000,00 EUR auszugeben. Die Escatec GmbH möchte dagegen generell nur 120 000,00 EUR ausgeben.

3.2.1 Ermitteln Sie den Nutzen für das jeweilige Unternehmen, wenn sich beide Firmen darauf einigen, die Kosten für den Straßenbau zu übernehmen und die Kosten dem erzielbaren Nutzen entsprechen.

Ulmer Büromöbel AG:

Escatec GmbH:

3.2.2 Leiten Sie alle weiteren zahlenmäßig ausgedrückten Strategiekombinationen für beide Unternehmen ab. Interpretieren Sie die Ergebnisse.

		Ulmer Büromöbel AG	
		stimmt zu	lehnt ab
Escatec GmbH	stimmt zu	60 000,00 EUR / 20 000,00 EUR	
	lehnt ab		

➤ ______________________________

____

____

____

➤ ______________________________

____

____

____

➤ ______________________________

____

____

____

3.2.3 Beide Unternehmen suchen für sich die beste Lösung. Erläutern Sie, welche Entscheidung das jeweilige Unternehmen treffen wird.

____

____

____

____

____

____

Schulbuch Kap. 1.5

4 Volkswirtschaftliche Produktionsfaktoren

Situation:

Zur Produktion ihrer Möbel bedient sich die Ulmer Büromöbel AG unterschiedlicher Produktionsfaktoren. Bis die Möbel schließlich verkauft werden können, fallen noch etliche ökonomische Entscheidungen an ...

UB Ulmer Büromöbel AG

Arbeitsaufträge:

1. Definieren Sie den Begriff „Produktionsfaktoren“ in eigenen Worten.

___

___

2. Die Volkswirtschaftslehre unterscheidet zwischen verschiedenen Produktionsfaktoren. Vervollständigen Sie nachfolgende Strukturvorlage und finden Sie jeweils zwei Beispiele aus Sicht der Ulmer Büromöbel AG.

Volkswirtschaftliche Produktionsfaktoren

ursprüngliche		abgeleitete	
Beispiele:	**Beispiele:**	**Beispiele:**	**Beispiele:**

3. Erläutern Sie den Unterschied zwischen ursprünglichen und abgeleiteten Produktionsfaktoren.

➤ **Ursprüngliche Produktionsfaktoren** ___

___

➤ **Abgeleitete Produktionsfaktoren** ___

___

4 Martin u.a. - ISBN 978-3-8120-1453-3

4. Zeigen Sie jeweils zwei Grenzen der ursprünglichen Produktionsfaktoren auf.

Ursprüngliche Produktionsfaktoren	Grenzen

5. Erläutern Sie, welche Besonderheit der Produktionsfaktor Kapital im Vergleich zu den anderen Produktionsfaktoren hat.

6. Die Ulmer Büromöbel AG stellt unter anderem Schreibtische und Bürostühle her. Auf dem Markt existiert ein weiteres Unternehmen, die Bürodesign GmbH, welches sehr ähnliche Schreibtische und Bürostühle herstellt. Aufgrund des steigenden Kostendrucks verfolgt die Vorstandschaft der Ulmer Büromöbel AG das Ziel, mit der Bürodesign GmbH zu kooperieren. Die Grundidee basiert auf der klassischen Arbeitsteilung nach Ricardo.[1] Der Vorstandsvorsitzende Herr Heim wendet sich an Sie mit der Bitte um Prüfung, auf welches Produkt sich das jeweilige Unternehmen spezialisieren sollte.

Bei der Entscheidungsfindung wird angenommen, dass sowohl die Ulmer Büromöbel AG als auch die Bürodesign GmbH pro Periode 100 Arbeitseinheiten (AE) zur Verfügung stehen, mit denen **alternativ** die nebenstehenden Mengen Schreibtische oder Bürostühle produziert werden können.

Unternehmen / Gut	Ulmer Büromöbel AG	Bürodesign GmbH
Schreibtische	15	35
Bürostühle	20	10

6.1 Zeichnen Sie die Produktionsmöglichkeitenkurven für beide Unternehmen in die folgenden Koordinationssysteme ein und beschriften Sie die Achsen.

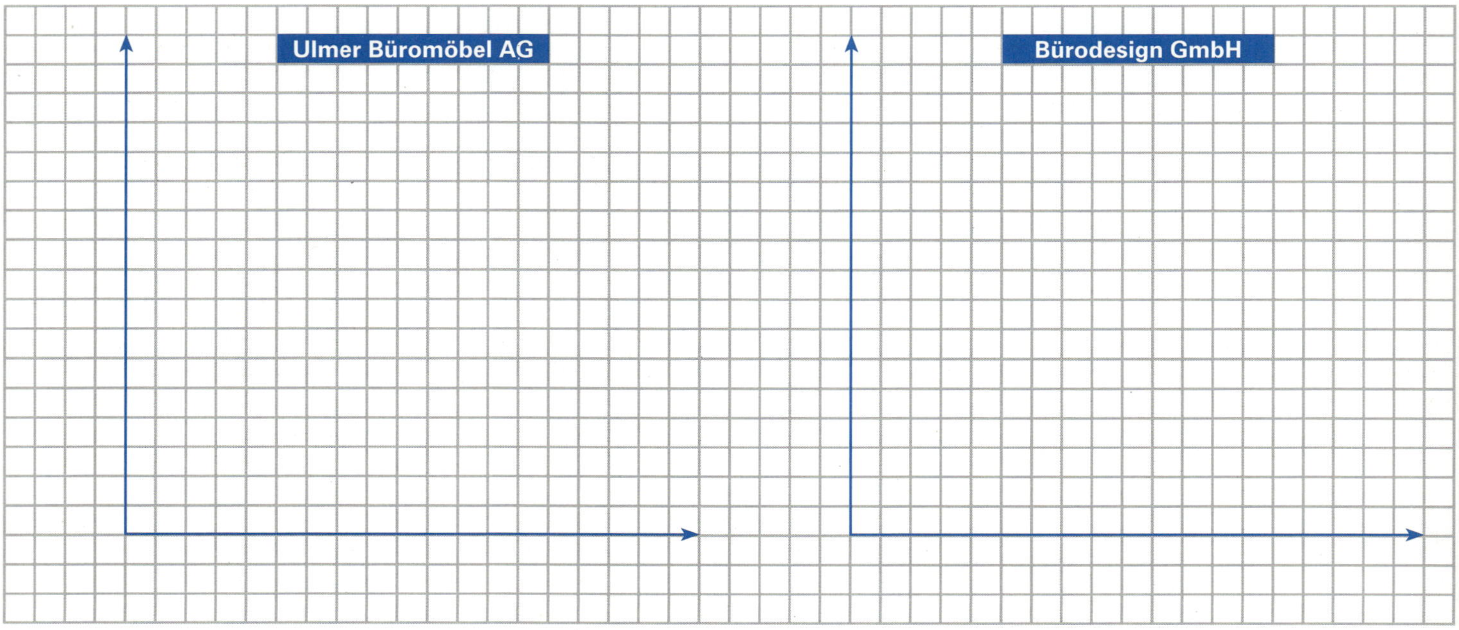

1 David Ricardo war ein britischer Wirtschaftswissenschaftler im 19. Jahrhundert.

6.2 Die nachfolgende Tabelle zeigt die Arbeitseinheiten, die zur Produktion der Schreibtische und Bürostühle benötigt werden. Da die beiden Unternehmen noch nicht kooperieren und demnach beide Güter herstellen, ergeben sich anteilige Produktionsmengen, die sich durch die Verteilung der Arbeitseinheiten auf die Produkte Schreibtische und Bürostühle ergeben.

6.2.1 Ermitteln Sie die Produktionsmenge jedes Gutes eines Unternehmens, die sich aufgrund der Aufteilung der Arbeitseinheiten ergibt und leiten Sie die Gesamtproduktionsmenge jedes Gutes ab.

Hinweis: Insgesamt hat die Ulmer Büromöbel AG 100 AE für die Produktion zur Verfügung. Davon verwendet sie 20 AE für die Produktion von Schreibtischen und 80 AE für die Produktion von Bürostühlen. Die Aufteilung der Bürodesign GmbH entnehmen Sie der Tabelle.

Unternehmen / Gut	Ulmer Büromöbel AG		Bürodesign GmbH		Gesamtproduktion
	Arbeitseinheiten	Produktionsmenge	Arbeitseinheiten	Produktionsmenge	
Schreibtische	20		70		
Bürostühle	80		30		
	100		100		

6.2.2 Begründen Sie, welches Unternehmen, bezogen auf das jeweilige Gut, einen absoluten Kostenvorteil hat.

Die Ulmer Büromöbel AG ______________________

____

____

____

Die Bürodesign GmbH ______________________

____

____

____

6.2.3 Ermitteln Sie, bei welchem Produkt die Ulmer Büromöbel AG im Vergleich zur Bürodesign GmbH einen relativen Kostenvorteil hat. Begründen Sie Ihre Meinung mithilfe der Opportunitätskosten.

Unternehmen / Gut	Komparative Kosten	
	Ulmer Büromöbel AG	Bürodesign GmbH
Schreibtische		
Bürostühle		

Ergebnis (mit Begründung):

6.2.4 Erläutern Sie, welches Gut die Ulmer Büromöbel AG auf Grundlage Ihrer Berechnungen aus Teilaufgabe 6.2.3 produzieren sollte.

6.2.5 Die beiden Unternehmen entscheiden sich zu kooperieren und spezialisieren sich auf das jeweilige Gut, bei dem das Unternehmen einen komparativen Kostenvorteil erzielt.

Ermitteln Sie, wie sich die Produktionsmengen im Vergleich zu Aufgabe 6.2.1 aufgrund der Arbeitsteilung verändern.

Unternehmen / Gut	Ulmer Büromöbel AG		Bürodesign GmbH		Gesamtproduktion
	Arbeitseinheiten	Produktionsmenge	Arbeitseinheiten	Produktionsmenge	
Schreibtische					
Bürostühle					

Ergebnis:

6.2.6 Aufgrund der Spezialisierung sind die Unternehmen gezwungen, das jeweilige Gut, auf das sie sich nicht spezialisiert haben, von dem anderen Unternehmen zu beziehen, d. h., sie treten in ein Tauschgeschäft. Der Wert der Güter ist gleich: Für einen Bürostuhl gibt es einen Schreibtisch und umgekehrt.

Ermitteln Sie, wie viele Mengeneinheiten von Schreibtischen und Bürostühlen die Ulmer Büromöbel AG nach einem Tauschgeschäft mit der Bürodesign GmbH besitzt, ohne sich dabei schlechter zu stellen als vor der Kooperation mit der Bürodesign GmbH.

5 Güterverteilung

Schulbuch Kap. 1.8

Situation:

Bei der Ulmer Büromöbel AG ist es üblich, dass sich die Mitarbeiter während der Frühstückspause in der Cafeteria treffen. In der heutigen Pause kommt es zu einem Gespräch zwischen der in der Buchhaltung tätigen 24-jährigen Jessica Hansen, dem im Einkauf tätigen 27-jährigen Stefan Bucher und der 42-jährigen Abteilungsleiterin des Verkaufs Marisa Sigg.

Frau Hansen:

Momentan habe ich wieder sehr viel zu tun. Ich arbeite zwar nur halbtags, aber für den Rest des Tages bin ich mit der Kinderbetreuung und der Hausarbeit beschäftigt. Am Ende des Monats bleibt auch nicht viel von meinem Gehalt übrig. Ich finde, dass ich zu wenig verdiene. Meine Kollegin, Amelie Grüters, steht im Vergleich zu mir finanziell viel besser da; sie arbeitet voll, hat keine Kinder und ihr Freund arbeitet auch ganztags.

Herr Bucher:

Jessica, da sprichst du gerade ein brisantes Thema an! Ich ärgere mich auch über die unterschiedliche Entlohnungshöhe in meiner Abteilung: Ein älterer Kollege verdient 750,00 EUR mehr, da er eine längere Betriebszugehörigkeit hat. Eine andere verheiratete Kollegin mit zwei Kindern hat netto deutlich mehr als ich. Mein Abteilungsleiter erhält fast den doppelten Bruttolohn von mir. Ich müsste 85 Jahre arbeiten, um das Jahresgehalt unseres Vorstandsvorsitzenden zu verdienen. Ich finde diese Situation ungerecht, da es aus meiner Sicht keinen Grund gibt, dass für die gleiche geleistete Arbeit unterschiedlicher Lohn bezahlt wird.

Frau Sigg:

Jetzt machen Sie mal langsam. Ich habe keine Kinder, arbeite aber sehr viel. Mein Lohn ist variabel, d. h., bei guten Verkaufszahlen erhalte ich zusätzlich 50 % Provision auf mein Grundgehalt. Meinen Lohn halte ich für angemessen, aber eigentlich dürfte es auch mehr sein. Aber ich klage nicht, denn für eine Ferienwohnung an der Côte d'Azur hat es schon längst gereicht. Ich plädiere für „hohen Lohn für volle Leistung". Was mich ärgert, sind die hohen Steuern und Sozialabgaben, die ich jeden Monat bezahlen muss.

Ach übrigens ... wer zu wenig verdient, bringt eben keine Leistung!

Arbeitsaufträge:

1. Betrachten Sie die Aussage von Frau Hansen. Argumentieren Sie, warum Frau Hansen unter Berücksichtigung ihrer familiären Situation mehr verdienen sollte.

   Argumente für einen höheren Lohn könnten sein:

   ➤ ______________________________

   ____

   ➤ ______________________________

   ____

   ➤ ______________________________

   ____

   ➤ ______________________________

   ____

Fazit:

2. Herr Bucher vertritt die Meinung, dass alle Mitarbeiter eine gerechte Entlohnung erhalten sollten. Diskutieren Sie, ob es einen gerechten Lohn gibt.

☐	Ja, es gibt einen gerechten Lohn!
☐	Nein, es gibt keinen gerechten Lohn!
Begründung:	

3. „Die hohe Leistung, die ich erbringe, muss bezahlt werden", so die Meinung von Frau Sigg. Erläutern Sie, ob eine hohe Entlohnung gerechtfertigt ist.

4. Die Verteilung von Einkommen und Vermögen erfolgt nach verschiedenen Prinzipien. Erläutern Sie diese Prinzipien und geben Sie die Vor- und Nachteile, die diese Prinzipien mit sich bringen, an. Tragen Sie diese in die zur Verfügung stehende Strukturvorlage ein.

Prinzipien	Leistungsprinzip	Bedarfsprinzip	Gleichheitsprinzip
Definition	Jeder soll das Einkommen erhalten, das dem Wert des von ihm erbrachten Beitrages innerhalb des Produktionsprozesses entspricht.	Die Höhe des Einkommens soll sich danach richten, dass die Wirtschaftssubjekte ihren Bedarf an Gütern mittels ausreichender Menge decken können. Dabei werden der durchschnittliche Lebensstandard, kulturelle und soziale Gesichtspunkte berücksichtigt.	Jeder soll ein gleich hohes Einkommen beziehen, unabhängig von Fähigkeit, Leistung und Einsatzwille sowie Bedarf.
Vorteile			
Nachteile			

5. Erläutern Sie, in welchen Bereichen es zu Verteilungskonflikten kommt. Begründen Sie Ihre Meinung.

6. Überlegen Sie, welche Verteilungskonflikte zwischen nachfolgend aufgelisteten Bevölkerungsgruppen innerhalb einer Volkswirtschaft existieren.

Verteilungskonflikte zwischen:

Arbeitnehmer – **Arbeitgeber**

Konflikt

Verteilungskonflikte zwischen:

Rentner – **Jüngere Generation**

Konflikt

Verteilungskonflikte zwischen:

Familien mit Kindern – **Alleinstehende bzw. Paare ohne Kinder**

Konflikt

Verteilungskonflikte zwischen:

Erwerbstätige – **Arbeitslose**

Konflikt

6 Idealtypische Wirtschaftsordnungen

Schulbuch Kap. 1.11

Situation:

Die 16-jährige Sabine Junghans hat vor 4 Wochen eine Ausbildung zur Industriekauffrau bei der Ulmer Büromöbel AG begonnen. Im Zuge des ersten Feedbackgespräches mit der Abteilungsleiterin für Personal, Steffi Kugler, berichtet Sabine über ihre bisher gemachten Eindrücke.

So hat Sabine mitbekommen, dass das Unternehmen in neue Maschinen investiert sowie über eine Erweiterung der Kapazitäten nachdenkt und das dafür benötigte Kapital von einer Bank als Kredit zur Verfügung gestellt bekommt; dass neue Mitarbeiter eingestellt werden; dass das Unternehmen auch Kunden im Ausland hat; dass die Mitarbeiter übertariflich bezahlt werden; dass der Rohstoff Holz von unterschiedlichen Lieferanten bezogen wird; dass die Marketingabteilung Absatzprognosen erstellt; dass es auch andere Unternehmen auf dem Markt für Büromöbel gibt und dass die Ulmer Büromöbel AG für ein Forschungsprojekt Subventionen vom Staat erhält.

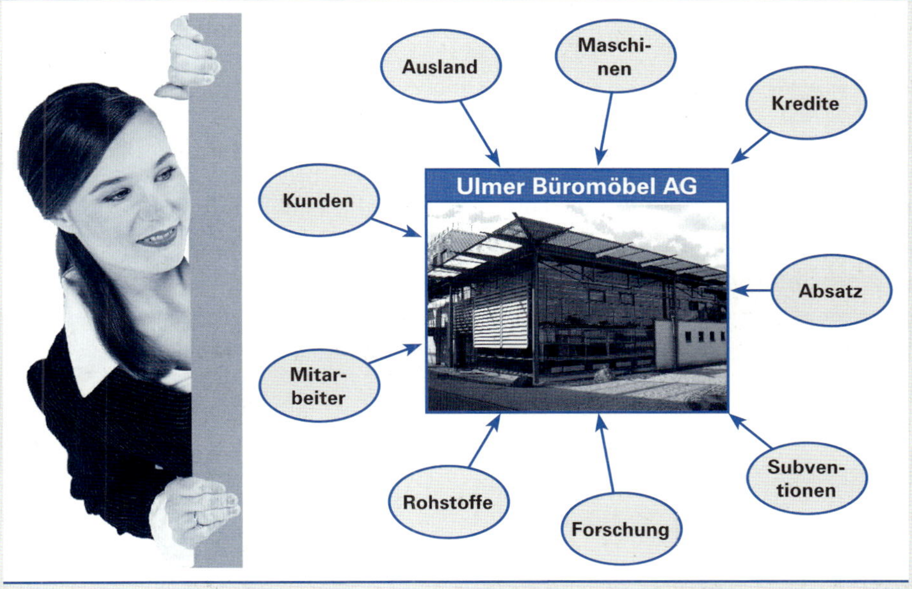

Nachdem Sabine ihre Eindrücke wiedergegeben hat, fragt sie Frau Kugler, weshalb die Ulmer Büromöbel AG in dieser Weise tätig ist und warum das alles so funktioniert. Frau Kugler erwähnt, dass dies u. a. mit den Ordnungsmerkmalen unserer Wirtschaftsordnung zu tun hat.

Arbeitsaufträge:

1. Wirtschaftsordnungen im Allgemeinen

   1.1 Erklären Sie den Begriff Wirtschaftsordnung in eigenen Worten.

____

____

____

____

____

____

____

5 Martin u.a. - ISBN 978-3-8120-1453-3

1.2 Diskutieren Sie die Notwendigkeit einer Wirtschaftsordnung in einer Volkswirtschaft.

2. In der Volkswirtschaft wird zwischen der freien Marktwirtschaft und der Zentralverwaltungswirtschaft als idealtypische Wirtschaftsordnungen unterschieden.

   2.1 Vergleichen Sie diese idealtypischen Wirtschaftsordnungen, indem Sie die Merkmale mithilfe des Schulbuches und des Internets recherchieren und gegenüberstellen.

Freie Marktwirtschaft	Merkmale	Zentralverwaltungswirtschaft
 **Adam Smith**	**Vertreter**	**Karl Marx** 
	Grundlage/ Leitideen	
	Planung	

Freie Marktwirtschaft	Merkmale	Zentralverwaltungswirtschaft
	Rolle des Staates	
	Eigentumsordnung	
	Staatsform	

2.2 Betrachten Sie die Ergebnisse aus Aufgabe 2.1. Leiten Sie daraus die Mängel der jeweiligen idealtypischen Wirtschaftsordnung ab.

	Freie Marktwirtschaft	Zentralverwaltungswirtschaft
Mängel		

2.3 Beschreiben Sie, weshalb bei der freien Marktwirtschaft und bei der Zentralverwaltungswirtschaft von idealtypischen Wirtschaftsordnungen gesprochen wird.

2.4 Ulmer Büromöbel AG und Wirtschaftsordnung.

2.4.1 Erläutern Sie unter Berücksichtigung der Ausgangssituation, in welcher Wirtschaftsordnung die Ulmer Büromöbel AG agiert. Begründen Sie Ihre Meinung.

Einordnung der Ulmer Büromöbel AG:

Begründung auf Basis der Situation:

-
-
-
-
-

2.4.2 Ordnen Sie die Ulmer Büromöbel AG in die Abbildung ein.

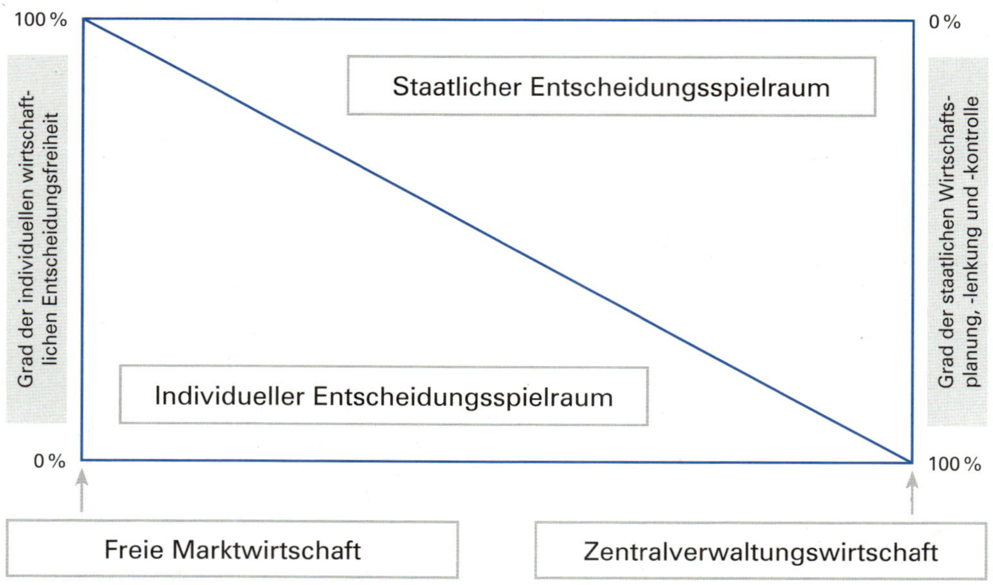

Schulbuch Kap. 1.12

7 Marktmodell

Situation:

Die Ulmer Büromöbel AG hat sich zum Ziel gesetzt, einer der attraktivsten Arbeitgeber im Raum Ulm zu werden. Um diesem Ziel gerecht zu werden, wurde die Abteilungsleiterin der Personalabteilung Steffi Kugler von der Vorstandschaft beauftragt, eine Umfrage bei den Mitarbeitern zum Thema Wohlfühlfaktoren am Arbeitsplatz durchzuführen. In der heutigen Vorstandssitzung soll Frau Kugler die Ergebnisse präsentieren.

Ulmer Büromöbel AG

Herr Heim: Guten Morgen, liebe Kollegen des Vorstandes, guten Morgen, liebe Frau Kugler. Im Fokus der heutigen Sitzung steht das Thema Steigerung der Mitarbeitermotivation. Als Expertin zu diesem Thema ist Frau Kugler geladen.

Frau Kugler: Vielen Dank für die Einladung! Die Förderung der Mitarbeitermotivation liegt mir sehr am Herzen. Um ein Konzept zu diesem Thema zu erstellen, habe ich im Vorfeld eine Mitarbeiterbefragung durchgeführt.

Herr Abt: Welche Erkenntnisse können aus der Umfrage abgeleitet werden?

Frau Kugler: Die Mitarbeiter fühlen sich sehr wohl im neuen Gebäude und die Arbeitsplätze tragen zu einem guten Arbeitsumfeld bei. *(Frau Kugler wird von Herrn Abt unterbrochen.)*

Herr Abt: Das klingt doch alles sehr gut, dann ist das Meeting beendet. Ich habe nämlich noch viel zu tun.

Frau Kugler: Herr Abt, Verbesserungsvorschläge gibt es schon. Zum Beispiel wünschen sich die Mitarbeiter einen Kaffeevollautomaten in unserer Cafeteria.

Herr Abt: Ich kann mir gut vorstellen, dass dieser Punkt zur Steigerung der Mitarbeitermotivation beiträgt. Schließlich kommen bei einem Kaffee auch sehr gute Gespräche zwischen den Mitarbeitern zustande.

Frau Sapel: Falls wir diesem Wunsch nachkommen und unseren Mitarbeitern den Kaffee gratis zur Verfügung stellen, mit welchen Kosten muss gerechnet werden?

Frau Kugler: Die Anschaffungs- und Wartungskosten für den Kaffeevollautomaten halten sich in Grenzen. Die Firma coffee-plus in Ulm bietet ein attraktives Gesamtpaket an.

Herr Heim: Und die Kosten für den Kaffee? Am Markt unterliegt der Kaffeepreis doch erheblichen Schwankungen. *(Herr Abt runzelt die Stirn.)*

Frau Kugler: *(Frau Kugler überlegt.)* Wie kommt denn der Kaffeepreis zustande? Ist die Preisbildung nicht auch abhängig von der Anzahl der Marktteilnehmer?

Arbeitsaufträge:

1. Eine Unterteilung der Märkte findet entsprechend der Anzahl der Marktteilnehmer statt.

   Ordnen Sie entsprechend der Klassifikation von Stackelberg[1] die folgenden Beispiele einer konkreten Marktform zu:

   Markt für Spezialmaschinen – Metzgereien – Hubschrauber für Bundeswehr – Tarifvertrag – Joghurt für Lebensmitteldiscounter – Mineralölmarkt – Markt für Passagierflugzeuge – Straßenbau – Zentralbankgeld

Zahl der Nachfrager / Zahl der Anbieter	einer	wenige	viele
einer			
wenige			
viele			

2. Der Preis für Rohkaffee, meist die Arabica- und Robustabohnen, bildet sich an der Rohstoffbörse.

   2.1 Nennen Sie die Voraussetzungen für einen vollkommenen Markt und prüfen Sie, ob diese Voraussetzungen beim Rohkaffeehandel erfüllt sind.

Voraussetzungen für einen vollkommenen Markt	Beispiel: Rohkaffeehandel

1 Heinrich von Stackelberg war ein deutscher Ökonom im 20. Jahrhundert.

Voraussetzungen für einen vollkommenen Markt	Beispiel: Rohkaffeehandel

2.2 Entscheiden Sie, um welche Marktform es sich beim Rohkaffeehandel handelt und begründen Sie Ihre Meinung.

____

____

____

3. Führende Exportländer von Rohkaffee sind u. a. Brasilien, Vietnam, Kolumbien, Indonesien und Indien. Die wichtigsten Abnehmerländer von Rohkaffee sind u. a. die USA, Deutschland, Italien, Frankreich und Japan. An einer Rohstoffbörse für Rohkaffee gehen folgende Kauf- und Verkaufsaufträge ein:

Verkäufer	Verkaufsaufträge
V1	4000 kg zu mindestens 1,00 EUR/kg
V2	8000 kg zu mindestens 1,20 EUR/kg
V3	6000 kg zu mindestens 1,40 EUR/kg
V4	8000 kg zu mindestens 1,60 EUR/kg
V5	2000 kg zu mindestens 1,80 EUR/kg

Käufer	Kaufaufträge
K1	10000 kg zu höchstens 1,00 EUR/kg
K2	2000 kg zu höchstens 1,20 EUR/kg
K3	6000 kg zu höchstens 1,40 EUR/kg
K4	3000 kg zu höchstens 1,60 EUR/kg
K5	1000 kg zu höchstens 1,80 EUR/kg

3.1 Ermitteln Sie den Gleichgewichtspreis für den Rohkaffee und begründen Sie Ihre Entscheidung.

Hinweis: Nutzen Sie für die Lösung nachstehend abgebildete Tabelle.

Preis in EUR/kg	Gesamtangebot in kg	Gesamtnachfrage in kg	umgesetzte Menge in kg	Umsatz in EUR

Ergebnis: ______________________________

____

3.2 Zeichnen Sie die Angebots- und Nachfragekurve in ein Koordinatensystem ein und leiten Sie die Gleichgewichtsmenge für den Rohkaffee ab.

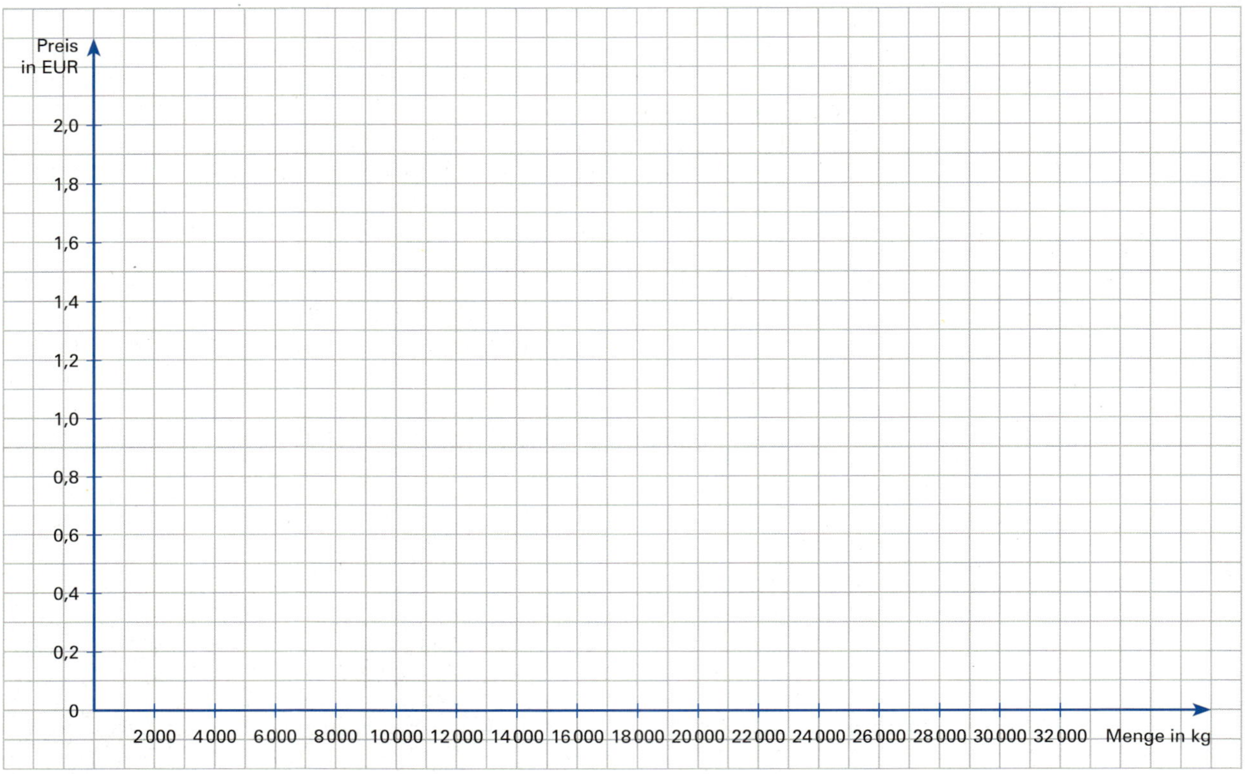

Ergebnis: ______________________________

____

3.3 Ermitteln Sie jene Verkäufer und Käufer, die aufgrund des sich einstellenden Gleichgewichtspreises leer ausgehen.

Leer ausgehende Verkäufer	
Leer ausgehende Käufer	

3.4 Erläutern Sie die Marktlage bei einem Preis von 1,60 EUR/kg.

____

____

____

3.5 Erläutern Sie, weshalb sich kein Gleichgewicht bei einem Preis in Höhe von 1,80 EUR/kg bildet.

____

____

____

3.6 Begründen Sie, welche Kostenreduktion Käufer K5 durch den sich einstellenden Gleichgewichtspreis gegenüber seinen ursprünglichen Kaufauftrag erzielt.

3.7 Durch eine neu angewandte Methode der Kaffeebepflanzung kann die Menge an Rohkaffee deutlich gesteigert werden.

3.7.1 Beschreiben Sie die Veränderung der Marktsituation bei unveränderter Nachfrage. Gehen Sie auch auf die Verschiebung der jeweiligen Kurve ein.

3.7.2 Alle Anbieter sind nun in der Lage, ihre Angebotsmenge um 20 % zu erhöhen. Zeichen Sie die neue Angebotskurve in das Koordinatensystem aus Aufgabe 3.2 ein und beschreiben Sie die Auswirkungen der Veränderung auf den Gleichgewichtspreis und die -menge.

Nebenrechnungen:

Ergebnis:

3.8 Frau Kugler weiß nun, wie sich der Preis für Rohkaffee bildet. Dennoch hat sie festgestellt, dass auf dem Markt für Kaffee unterschiedliche Preise für gerösteten Kaffee existieren.

Begründen Sie, wie es zu solchen Preisdifferenzen kommen kann.

6 Martin u.a. - ISBN 978-3-8120-1453-3

Lehrplaneinheit 2: Wirtschaftsordnung und Wirtschaftskreislauf in der Bundesrepublik Deutschland

Schulbuch Kap. 2.1

1 Marktversagen

Situation:

Die Ulmer Büromöbel AG benötigt für die Produktion ihrer Möbel große Mengen an Holz. Dieser Rohstoff wird fast ausschließlich von der Holzsägewerke Schiller GmbH bezogen. Das Unternehmen aus dem benachbarten Ehingen ist einer der größten und führenden Holzlieferanten Süddeutschlands.

Herr Heim, der Vorstandsvorsitzende der Ulmer Büromöbel AG, hat aus verlässlicher Quelle erfahren, dass die Holzsägewerke Schiller GmbH vom größten Konkurrenten, der Holz Seitz AG aus Tübingen, aufgekauft werden soll. In einer Telefonkonferenz zwischen der Vorstandschaft der Ulmer Büromöbel AG spricht Herr Heim die Neuigkeiten an.

Herr Heim: Herr Abt, Frau Sapel, ich habe soeben von der geplanten Übernahme unseres Holzlieferanten durch die Holz Seitz AG erfahren. Wir müssen die Verhandlungen genau beobachten, denn eine solche Übernahme würde verheerende Auswirkungen für uns haben.

Herr Abt: Ich verstehe nicht ganz genau, was Sie meinen, Herr Heim. Bei der Übernahme geht es doch um unseren Holzlieferanten und nicht direkt um unser Unternehmen!

Frau Sapel: Da haben Sie schon Recht, Herr Abt, aber ich glaube Herr Heim hat Sorge um höhere Holzpreise.

Herr Heim: Ganz genau …

Arbeitsaufträge:

1. Beurteilen Sie, ob die Sorge von Herrn Heim berechtigt ist.

2. Erläutern Sie die Rolle des Staates im vorliegenden Fall.

3. Listen Sie neben der Monopolbildung vier weitere Fälle von Marktversagen (unabhängig von vorliegender Situation) auf.

- ➤
- ➤
- ➤
- ➤

Schulbuch Kap. 2.2.3

2 Wettbewerbsordnung am Beispiel Kooperation und Konzentration

Situation:

Die Ulmer Büromöbel AG ist in den vergangenen Jahren stark gewachsen. Allerdings stößt das Unternehmen mittlerweile auch an seine Grenzen. Bei der heutigen Vorstandssitzung sind alle drei Vorstände anwesend und diskutieren über die Aufstellung des Unternehmens für die Zukunft:

Herr Heim: Herr Abt, Frau Sapel ich habe soeben die endgültigen Zahlen des vergangenen Geschäftsjahres von unserer Controlling-Abteilung erhalten. Wie erwartet haben wir allen Grund zur Freude.

Herr Abt: Das hört sich doch hervorragend an.

Frau Sapel: Da bin ich ganz Ihrer Meinung. Allerdings sollten wir beachten, dass wir unsere Kapazitäten schleunigst erhöhen müssen, um die hohen Wachstumsraten halten zu können.

Herr Heim: Wir sollten umgehend handeln. Genügend Eigenkapital für weitere Investitionen ist definitiv vorhanden.

Herr Abt: Genügend Eigenkapital ist schon vorhanden, aber unser Standort in Ulm bietet kaum noch Möglichkeiten, um räumliche Erweiterungen durchzuführen.

Frau Sapel: Ganz genau, da gebe ich Herrn Abt vollkommen Recht. Des Weiteren sollte beachtet werden, dass wir bisher überwiegend im süddeutschen Raum unsere hohen Marktanteile generieren. Im übrigen Bundesgebiet sind unsere Marktanteile deutlich niedriger, als die der Konkurrenz.

Herr Heim: Das ist wohl wahr. Wir haben uns doch vergangenes Jahr schon einmal auf „anderen Märkten" umgesehen. Da kommt mir sofort unser Konkurrent Möbelmanufaktur Hannover GmbH in den Sinn. Die Umsätze sind zwar nur halb so hoch wie unsere, aber das Unternehmen scheint solide aufgestellt zu sein und von Hannover aus kann der gesamte norddeutsche Raum inkl. NRW versorgt werden.

Frau Sapel: Herr Heim, denken Sie etwa an eine Fusion?

Herr Heim: Ganz genau!

Arbeitsaufträge:

1. Nennen Sie drei Vorteile und drei Nachteile bezüglich einer Fusion der Ulmer Büromöbel AG mit der Möbelmanufaktur Hannover GmbH.

Vorteile einer Fusion	Nachteile einer Fusion

2. Recherchieren Sie im Internet nachfolgende Informationen über das Bundeskartellamt.

Sitz	
Verantwortliche Aufsichtsbehörde	
Zentraler Aufgabenbereich	

Fortsetzung der Situation:

Nach intensiven Verhandlungen mit den Gesellschaftern der Möbelmanufaktur Hannover GmbH rückt eine Fusion immer näher. Folgende interne Mitteilung hat die Controlling-Abteilung für die Vorstandschaft der Ulmer Büromöbel AG erstellt:

Interne Mitteilung

UB Ulmer Büromöbel AG

an:	Vorstandschaft (Frau Sapel, Herr Abt und Herr Heim)	**Abteilung:**	Controlling
von:	Alexander Rothacher	**Datum:**	28.01.20..
		Zeichen:	ro

Zusammengefasstes Datenmaterial des letzten Geschäftsjahres der Ulmer Büromöbel AG und der Möbelmanufaktur Hannover GmbH

	Ulmer Büromöbel AG	Möbelmanufaktur Hannover GmbH
Umsatzerlöse gesamtdeutscher Markt	40 Mio. EUR	28 Mio. EUR
Umsatzerlöse norddeutscher Markt und NRW	8 Mio. EUR	18 Mio. EUR
Marktanteil gesamtdeutscher Markt	24 %	10 %
Marktanteil norddeutscher Markt und NRW	5 %	40%
Mitarbeiter	420	240
Geschäftsanteile, die an die Ulmer Büromöbel AG abgegeben werden sollen		75 %

3. Prüfen Sie mithilfe des Gesetzes gegen Wettbewerbsbeschränkungen (GWB), ob eine Fusion vorliegt.

4. Prüfen Sie mithilfe des Gesetzes gegen Wettbewerbsbeschränkungen (GWB), ob eine Fusion beim Bundeskartellamt angezeigt werden muss.

5. Prüfen Sie mithilfe des Gesetzes gegen Wettbewerbsbeschränkungen (GWB), ob eine marktbeherrschende Stellung aufgrund der Fusion zwischen der Ulmer Büromöbel AG und der Möbelmanufaktur Hannover zu erwarten ist.

Sitz des Bundeskartellamts

3 Arbeitsordnung am Beispiel des Tarifvertragsrechts

Schulbuch Kap. 2.2.4.1

Situation:

Lesen Sie zunächst die folgenden Zeitungsartikel:

Warnstreikwelle auf dem Höhepunkt

Die IG Metall hat am Mittwoch, den 4. April ihre Warnstreiks im Tarifkonflikt in der baden-württembergischen Metall- und Elektroindustrie massiv ausgeweitet.

Landesweit hatte die Gewerkschaft Zehntausende Beschäftigte in 35 Betrieben zu Aktionen aufgerufen. Betroffen davon waren unter anderem Daimler in Stuttgart, Bosch in Gerlingen, Bauknecht in Stuttgart und Gühring in Albstadt. In Reutlingen zogen Mitarbeiter von fünf Betrieben in einer Demonstration durch die Stadt. Weitere größere Aktionen gab es in Pforzheim, Ulm, Böblingen und Singen. Die hohe Beteiligung bei den Wanstreiks sind für die IG Metall ein Zeichen, dass die Beschäftigten hinter den Forderungen der Gewerkschaft stehen. Trotz kalter Witterung sei die Stimmung gut und kämpferisch. Die Gewerkschaft hatte mit Ablauf der Friedenspflicht am Morgen des 29. Januars zu ersten Warnstreiks aufgerufen, um in der Tarifrunde für die rund 800 000 Beschäftigten der Branche den Druck auf die Arbeitgeber zu erhöhen. Die IG Metall fordert 5,5 Prozent Lohnerhöhung. In der ersten Verhandlungsrunde hatte der Arbeitgeberverband dies strikt abgelehnt und 2,2 Prozent angeboten. Die nächste Verhandlungsrunde findet am 9. Februar in Böblingen statt.

Durchbruch im Tarifstreit

Am frühen Dienstagmorgen haben die Gewerkschaft IG Metall und der Arbeitgeberverband Südwestmetall eine Einigung im Tarifstreit erzielen können. Die Einigung hat teils sogar Pilotcharakter.

Der Tarifstreit der Metall- und Elektroindustrie ist am Dienstagmorgen beendet worden. Die Verhandlungspartner IG Metall und Südwestmetall konnten eine Einigung erzielen, die in Teilen sogar Pilotcharakter haben soll. Die Konfliktparteien konnten sich im Tarifstreit in mehreren Punkten einigen. So sollen die Beschäftigten in Baden-Württemberg ab April 3,4 Prozent mehr Lohn und eine Einmalzahlung in Höhe von 150 Euro erhalten. Die Gewerkschaft IG Metall und der Arbeitgeberverband Südwestmetall haben sich nach über 15 Stunden Verhandlungen in Böblingen bei Stuttgart auf einen neuen Tarifvertrag einigen können. Der neue Vertrag läuft ein Jahr. 800 000 Beschäftigte sind von der Lohnerhöhung betroffen. Der Arbeitgeberverband Südwestmetall betonte, dass der Tarifabschluss auch den anderen Tarifgebieten in Deutschland zur Übernahme empfohlen werden würde. Bei den neuen Tarifverträgen geht es bislang nur um den Tarifbezirk Baden-Württemberg.

(In Anlehnung an: AFP/sh – Augsburger Allgemeine Onlineausgabe vom 24. 02. 2015)

Arbeitsaufträge:

1. Verschaffen Sie sich einen Überblick über das Zustandekommen von Tarifverträgen und deren Inhalte, indem Sie die wesentlichen Aspekte stichwortartig in dem zur Verfügung stehenden Schaubild festhalten (Material 1).

   Hinweis: Nutzen Sie für die Bearbeitung sowohl die Inhalte der Zeitungsartikel als auch das Schulbuch.

Material 1: Schaubild „Tarifverträge“

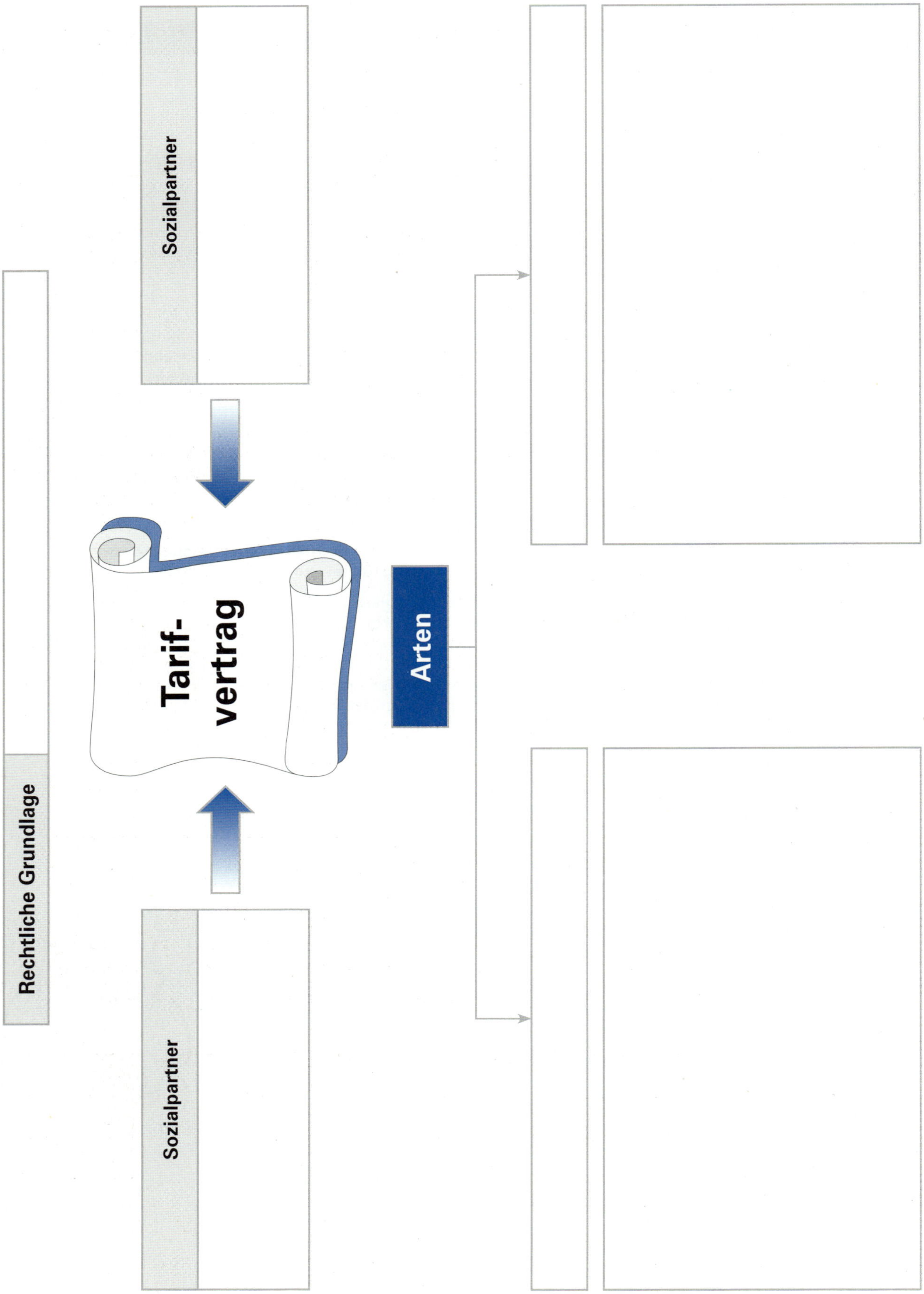

2. Stellen Sie fest, in welcher Tarifvertragsart ein Tarifabschluss von 3,4 % mehr Lohn und einer Einmalzahlung von 150,00 EUR vereinbart wird.

3. Erläutern Sie, welche Auswirkungen es auf die Arbeitnehmer hat, wenn die Inflationsrate (Teuerungsrate) eines Jahres deutlich höher ausfällt, als die von den Tarifparteien ausgehandelten Lohn- und Gehaltserhöhungen von 3,4 %.

4. Im Tarifvertragsgesetz (TVG) gelten verschiedene Grundsätze. Ordnen Sie den nachfolgend aufgeführten Beschreibungen jeweils einen der aufgeführten Grundsätze zu.

① = Allgemeinverbindlichkeit
② = Erfüllungspflicht
③ = Tarifgebundenheit
④ = Tarifautonomie
⑤ = Nachwirkung
⑥ = Schriftform

A	Die Tarifparteien haben das Recht, selbstständig und ohne Einmischung von außen Arbeitsbedingungen auszuhandeln. Der Staat darf nicht regulierend eingreifen. Allerdings wird gesamtwirtschaftliches Verantwortungsbewusstsein vorausgesetzt.	
B	Die Tarifvertragsparteien und ihre Mitglieder sind an die im Tarifvertrag vereinbarten Bestimmungen gebunden.	
C	Bei auslaufenden Tarifverträgen gilt der alte Tarifvertrag so lange weiter, bis ein neuer Tarifvertrag abgeschlossen worden ist.	
D	Arbeitgeber, die nicht einem Arbeitgeberverband angehören, sind an die Bestimmungen des Tarifvertrages nicht gebunden. Das Bundesministerium für Arbeit und Soziales kann aber die Tarifverträge auf die nicht tarifgebundenen Arbeitgeber ausdehnen.	
E	Die Tarifvertragsparteien sorgen dafür, dass ihre Mitglieder die vertraglich übernommenen Verpflichtungen erfüllen.	
F	Tarifverträge können nicht mündlich abgeschlossen werden. Sie bedürfen der Schriftform.	

7 Martin u.a. - ISBN 978-3-8120-1453-3

5. Nehmen Sie an, der Tarifvertrag in der Metall- und Elektroindustrie ist ausgelaufen und ein neuer Tarifvertrag muss vereinbart werden. Legen Sie für die aufgeführten Teilschritte eine sinnvolle Reihenfolge fest.

A	Erklärung des Scheiterns (Ende der Friedenspflicht)	
B	Streik	
C	Neue Verhandlungen	
D	Urabstimmung der Gewerkschaftsmitglieder über Streik	
E	Tarifverhandlungen Gewerkschaften/Arbeitgeberverbände (oft begleitet von Warnstreiks)	
F	Neuer Tarifvertrag	
G	Urabstimmung der Gewerkschaften über Ergebnis: Streikende	
H	Gegenmaßnahme der Arbeitgeber: Aussperrung	
I	Erklärung des Scheiterns	
J	Schlichtungsverfahren möglich	

6. Entscheiden Sie, ob es sich in folgenden Fällen um richtige ① oder falsche Aussagen ⑨ handelt.

1	Die Tarifverträge werden zwischen Arbeitgeberverbänden und Arbeitnehmerverbänden geschlossen und enthalten z. B. Vereinbarungen über die wöchentliche Arbeitszeit.	
2	Tarifverträge können für ein ganzes Bundesland oder sogar für das gesamte Bundesgebiet verbindlich sein. Man spricht dann von sogenannten Flächentarifverträgen.	
3	In Tarifverträgen dürfen die Arbeitnehmer nicht schlechter gestellt werden, als es die arbeitsrechtlichen Gesetze (BGB, Arbeitszeitordnung etc.) vorsehen.	
4	In Tarifverträgen vereinbaren Arbeitgeberverbände und einzelne Arbeitnehmer u. a. die Höhe der Löhne und Gehälter.	

7. Nehmen Sie Stellung zu folgender Aussage:

„Weil noch immer mehrere Millionen Menschen ohne Arbeit sind, sollten die Glücklichen, die einen Job haben, mit ihrem Lohn zufrieden sein. Eigentlich müssten die Beschäftigten noch mehrere Jahre auf Lohnerhöhungen verzichten oder sogar erhebliche Lohneinbußen hinnehmen, wenn neue Arbeitsplätze entstehen sollen. Das sind die Kräfte der Globalisierung. Wir stehen hier erst am Anfang einer Entwicklung."

Schulbuch Kap. 2.2.4.2

4 Mitbestimmung

Situation:

Henning Beer ist seit einem halben Jahr als Einkaufssachbearbeiter bei der Ulmer Büromöbel AG tätig. Im Fußballstadion trifft er zufällig seinen ehemaligen Arbeitskollegen Fabian Klose und kommt mit ihm ins Gespräch.

Fabian Klose: Mensch Henning, dass ich dich hier treffe!

Henning Beer: Hallo Fabian! Ja, das ist ein Zufall.

Fabian Klose: Wir sollten uns unbedingt mal wieder treffen, aber du weißt ja, die Arbeit lässt einem so wenig Zeit. Wie läuft es denn bei dir so auf der Arbeit?

Henning Beer: Na ja, es geht so.

Fabian Klose: Was soll das denn heißen? Und außerdem, was ist los mit dir, du siehst so geknickt aus?

Henning Beer: Na ja, in der Firma hängt der Haussegen schief. Die Geschäftsführung trifft ständig Entscheidungen, mit denen wir als Belegschaft überhaupt nicht einverstanden sind.

Fabian Klose: Mann, das hört sich nicht gut an. Erzähl doch mal.

Henning Beer: Ach, da kommt so einiges zusammen. Jetzt sollen auch noch im Juli Betriebsferien eingeführt werden. Da wird der Urlaub bald das Dreifache kosten.

Fabian Klose: Mensch, das geht doch nicht. Die können doch nicht einfach mit euch machen, was sie wollen.

Henning Beer: Ja, das denke ich auch. Aber die Geschäftsführung hat gesagt, es ginge nicht anders.

Fabian Klose: Henning, da müsst ihr aber was unternehmen. Das könnt ihr nicht mit euch machen lassen. Ihr müsst euch irgendwie untereinander absprechen und denen da oben sagen, dass das so nicht geht.

Henning Beer: Ich weiß. Du hast recht. Aber was sollen wir tun?

Arbeitsaufträge:

1. Nennen Sie die grundlegende Aufgabe, die ein Betriebsrat hat.

2. Klären Sie, in welchen Unternehmen Betriebsräte eingerichtet werden dürfen.

3. Prüfen Sie, welche Arbeitnehmer bei einer Betriebsratswahl wahlberechtigt sind.

4. Erklären Sie, welche Arbeitnehmer bei einer Betriebsratswahl wählbar sind.

____

____

____

____

5. Erläutern Sie, wovon die Zahl der Betriebsratsmitglieder abhängig ist.

____

____

____

____

6. Stellen Sie fest, wie lange der Betriebsrat im Amt bleibt.

____

7. Prüfen Sie, ob in folgenden Fällen ein Betriebsrat errichtet werden kann.

	Unternehmen	Darf ein Betriebsrat gewählt werden?	
A	Sechs Arbeitnehmer (drei langjährige Mitarbeiter, ein 18-jähriger Auszubildender im 2. Ausbildungsjahr und zwei Aushilfen für das Weihnachtsgeschäft).	☐ ja	☐ nein
B	Fünf Arbeitnehmer (vier langjährige Mitarbeiter und zwei 20-jährige Auszubildende im 3. Ausbildungsjahr).	☐ ja	☐ nein
C	Acht Arbeitnehmer (drei langjährige Mitarbeiter, ein 18-jähriger Auszubildender im 2. Ausbildungsjahr, zwei Aushilfen für die Ferienzeit, zwei seit einem Monat im Unternehmen beschäftigte Mitarbeiter).	☐ ja	☐ nein

8. In Unternehmen mit mehreren Auszubildenden und/oder jugendlichen Arbeitnehmern kann neben dem Betriebsrat eine Jugend- und Auszubildendenvertretung (JAV) gewählt werden. Verschaffen Sie sich einen Überblick, indem Sie nachfolgenden Lückentext vervollständigen.

Die Jugend- und Auszubildendenvertretung im Überblick

Aufgrund seiner Altersstruktur ist der Betriesbrat nicht immer geeignet, die Angelegenheiten der jugendlichen ____________ und ____________ entsprechend zu vertreten. Dieses Problem wird durch die Wahl einer ____________________ weitgehend behoben. Sie kann in Betrieben gewählt werden, in denen mindestens ______ Arbeitnehmer beschäftigt sind, die das ______ Lebensjahr noch nicht vollendet haben oder sich in ihrer Berufsausbildung befinden und das ______ Lebensjahr noch nicht beendet haben. Wählen kann der oben genannte Personenkreis. Die Amtszeit beträgt ______ Jahre.

Fortsetzung der Situation:

Bei der Ulmer Büromöbel AG wurden am 1. März 20.. zum ersten Mal Betriebsratswahlen durchgeführt. Am Montag, den 10. Mai 20.., bittet der Vorstand Herr Heim die Betriebsratsmitglieder Frau Bauer und Herrn Musche zu einer ersten Besprechung, um geplante Maßnahmen zu besprechen.

Herr Heim: Liebe Kollegen, ich möchte Ihnen zunächst zur Wahl als Betriebsräte gratulieren. Ich gehe von einer guten Zusammenarbeit aus, da wir ja alle das Wohl unseres Unternehmens im Auge haben.

Frau Bauer: Vielen Dank, Herr Heim.

Herr Heim: Da die Zeit drängt, möchte ich gleich zur Sache kommen. Wir beabsichtigen, in den nächsten 2 Monaten Überstunden zu fahren. Betroffen sind im Wesentlichen die Kollegen aus der Fertigung und dem Verkauf.

Herr Musche: Überstunden? Wieso denn das?

Herr Heim: Erfreulicherweise ist die Nachfrage nach unseren neuen Büromöbeln viel höher als erwartet. Wir kommen mit der Produktion überhaupt nicht mehr nach.

Frau Bauer: Da haben Sie es. Die Mitarbeiter, denen im letzten Jahr betriebsbedingt gekündigt wurde, könnten wir jetzt gut gebrauchen.

Herr Heim: Nun ja, letztes Jahr haben wir die Kündigungen für absolut nötig gehalten.

Frau Bauer: Ich will ganz offen sprechen. Das mit den Überstunden wird unseren Kollegen nicht gefallen.

Herr Heim: Ob es den Kollegen gefällt oder nicht. Die Überstunden müssen sein.

Herr Musche: Nun mal langsam, Herr Heim. So einfach geht das nicht.

9. Prüfen Sie, ob Herr Heim die Überstunden so einfach anordnen darf.

10. Beurteilen Sie die Haltung des Betriebsrats zu den geplanten Überstunden.

11. Da die gewählten Betriebsratsmitglieder zwangsläufig über keinerlei Erfahrung als Betriebsräte verfügen, besuchen sie ein Fortbildungsseminar, um sich für die kommenden Aufgaben zu qualifizieren. Im Seminar werden sie mit folgenden Fällen aus der Praxis konfrontiert. Klären Sie, welches Recht der Betriebsrat in den vorliegenden Fällen hat.

	Fälle	Recht des Betriebsrats
A	Das Industrieunternehmen Talbau GmbH & Co KG stellt Komponenten für Waschmaschinen her. Da es in diesem Segment immer mehr Wettbewerber aus dem Ausland gibt, plant die Geschäftsführung umfangreiche Rationalisierungsmaßnahmen.	
B	Aufgrund drastischer Auftragsrückgänge sieht sich die Neumann GmbH gezwungen, Kosten zu senken. Die Geschäftsleitung plant daher, im nächsten Jahr 10 % der Stellen einzusparen. Auf betriebsbedingte Kündigungen wird man vermutlich nicht verzichten können.	
C	Ein Jahr später hat sich die Lage bei der Neumann GmbH nicht verbessert. Die Geschäftsleitung sieht keine andere Möglichkeit, als betriebsbedingte Kündigungen auszusprechen. Konkret betroffen ist unter anderem Daniel Berger, 50-jähriger Mitarbeiter, der seit 12 Jahren im Unternehmen beschäftigt ist.	
D	Die EGS GmbH steht unter starkem Wettbewerbsdruck. Um Kosten zu senken, beabsichtigt der Geschäftsführer, die Fertigung umzustrukturieren. Anstelle der Werkstättenfertigung soll als neues Fertigungsverfahren die Fließbandfertigung eingeführt werden.	
E	Bei der KIT KG wird bislang von montags bis freitags jeweils 8 Stunden gearbeitet. Um flexibler auf Nachfrageschwankungen reagieren zu können, überlegt sich der Geschäftsführer folgendes Arbeitszeitmodell: Die Wochenarbeitszeit von 40 Stunden soll beibehalten werden. Die täglichen Arbeitszeiten sollen jedoch je nach Auftragslage variieren.	

5 Bruttoinlandsprodukt

Schulbuch Kap. 2.3

Situation:

Lesen Sie zunächst nachfolgenden Artikel.

Die deutsche Wirtschaft auf Wachstumskurs

BIP deutlich im Plus

Die deutsche Wirtschaft ist in diesem Jahr so stark gewachsen wie seit vier Jahren nicht mehr. Vor allem die Kauflaune der Verbraucher sorgte dafür, dass das Bruttoinlandsprodukt um 1,7 Prozent stieg. Für das laufende Jahr gehen die Erwartungen allerdings weit auseinander. Optimisten prognostizieren ein Anziehen der Konjunktur von mehr als zwei Prozent. Pessimisten hingegen rechnen nur mit einem Wirtschaftswachstum von knapp einem Prozent.

Hintergrund des Wachstums sind zum einen die guten Exportzahlen. Deutsche Waren sind im Ausland sehr beliebt. Positiv wirkt sich auch die gute Lage am Arbeitsmarkt aus. Die Bundesagentur für Arbeit zählte für das vergangene Jahr 2,8 Millionen Menschen ohne Job – so wenig waren es zuletzt 1992. Durch die steigende Beschäftigung haben viele Menschen mehr Geld – das fördert den Konsum der privaten Haushalte. Auch die Tariflöhne sind vergleichsweise stark gestiegen.

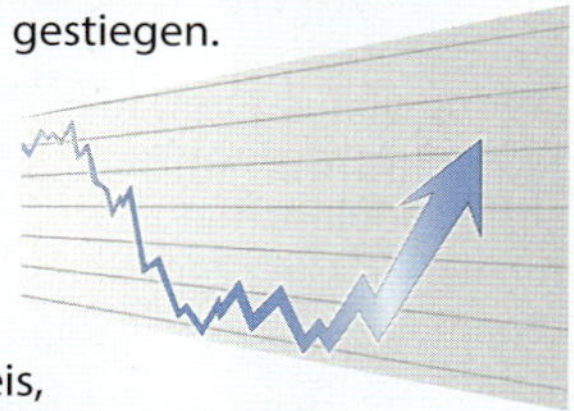

Hinzu kommt, dass die Preise in Deutschland mehr oder weniger stabil geblieben sind. Nicht zuletzt fördert auch der niedrige Ölpreis, der sich für die Verbraucher auf der Mietnebenkostenabrechnung und an der Tankstelle bemerkbar macht, den Konsum der Verbraucher.

Arbeitsaufträge:

1. Nennen Sie die Gründe, die zu der im Artikel beschriebenen positiven Entwicklung geführt haben.

1	
2	
3	
4	
5	

2. Laut obigem Artikel ist das Bruttoinlandsprodukt gestiegen. Informieren Sie sich über das Bruttoinlandsprodukt und vervollständigen Sie folgenden Lückentext.

Das ______________________________ (BIP) ist ein ____________ für die wirtschaftliche ______________ einer Volkswirtschaft in einem bestimmten Zeitraum. Eingerechnet werden sämtliche im Inland hergestellten _____________ und ______________________, sofern diese nicht als ____________________ für die Produktion anderer Waren und Dienstleistungen _________________ wurden.

3. Ein Automobilhersteller bezieht bei seinem Lieferanten 27 000 Autobatterien im Wert von 84,00 EUR je Stück. Die Batterien werden für die Produktion von 27 000 Mittelklassefahrzeugen vom Typ X5 Sport benötigt, die zum Preis von 24 000,00 EUR je Stück verkauft werden.

   Berechnen Sie, um wie viel Euro sich das BIP durch diese Vorgänge erhöht.

4. Das Statistische Bundesamt hat für die einzelnen Wirtschaftsbereiche folgende Daten ermittelt:
   Öffentliche Dienstleister und private Dienstleister 903 Mrd. EUR – Finanzierung, Vermietung und Unternehmensdienstleister 544 Mrd. EUR – Gütersubventionen 8 Mrd. EUR – Land- und Forstwirtschaft, Fischerei 17 Mrd. EUR – Produzierendes Gewerbe ohne Baugewerbe 707 Mrd. EUR – Handel, Gastgewerbe und Verkehr 430 Mrd. EUR – Gütersteuern 311 Mrd. EUR – Baugewerbe 124 Mrd. EUR.

   Vervollständigen Sie das folgende Schema zur Entstehungsrechnung und berechnen Sie die Bruttowertschöpfung der Volkswirtschaft sowie das Bruttoinlandsprodukt.

Entstehungsrechnung:

	Land- und Forstwirtschaft, Fischerei	
+	______________________	
+	Baugewerbe	
+	______________________	
+	Finanzierung, Vermietung und Unternehmensdienstleister	
+	Öffentliche und private Dienstleister	
=	**Bruttowertschöpfung**	
+	______________________	
–	Gütersubventionen	
=	**Bruttoinlandsprodukt**	

5. Ermitteln Sie ausgehend vom unter Arbeitsauftrag 4 ermittelten Bruttoinlandsprodukt das Nettoinlandsprodukt.

Nettoinlandsprodukt	

Daten:

Abschreibungen 540 Mrd. EUR

6. Das Statistische Bundesamt hat für die Nachfrageseite folgende Daten ermittelt:
Importe 1 180 Mrd. EUR – Konsumausgaben des Staates 585 Mrd. EUR – Bruttoinvestitionen 568 Mrd. EUR – Exporte 1 420 Mrd. EUR – Private Konsumausgaben 1 635 Mrd. EUR.

Vervollständigen Sie das folgende Schema zur Verwendungsrechnung und berechnen Sie das Bruttoinlandsprodukt.

Verwendungsrechnung:

	Private Konsumausgaben	
+	______________________	
+	Bruttoinvestitionen	
+	______________________	
–	Importe	
=	**Bruttoinlandsprodukt zu Marktpreisen**	

Differenz = ____________-beitrag

8 Martin u.a. - ISBN 978-3-8120-1453-3

7. Das Statistische Bundesamt hat im Rahmen seiner Verteilungsrechnung folgende Daten ermittelt:
Unternehmens- und Vermögenseinkommen 700 Mrd. EUR – Abschreibungen 420 Mrd. EUR – Arbeitnehmerentgelt (Inländer) 1 600 Mrd. EUR – Primäreinkommen, die Inländer aus dem Ausland beziehen 150 Mrd. EUR – Primäreinkommen, die Ausländer aus dem Inland beziehen 70 Mrd. EUR – Produktions- und Importabgaben abzgl. Subventionen 320 Mrd. EUR.

Vervollständigen Sie das folgende Schema zur Verteilungsrechnung und berechnen Sie das Volkseinkommen.

Verteilungsrechnung:

	Arbeitnehmerentgelt (Inländer)	
+	Unternehmens- und Vermögenseinkommen	
=	______________________	
+	Produktions- und Importabgaben (Staat) abzgl. Subventionen	
+	Abschreibungen	
=	______________________	
–	Primäreinkommen, die Inländer aus dem Ausland beziehen	
+	Primäreinkommen, die Ausländer aus dem Inland beziehen	
=	______________________	

8. Ermitteln Sie unter Berücksichtigung der unten angeführten Daten ausgehend vom Bruttoinlandsprodukt das Bruttonationaleinkommen.

Bruttonationaleinkommen	

Daten:

Bruttoinlandsprodukt	3 022 Mrd. EUR
Primäreinkommen, die Inländer aus dem Ausland beziehen	197 Mrd. EUR
Primäreinkommen, die Ausländer aus dem Inland beziehen	132 Mrd. EUR

9. Ermitteln Sie anhand der unten stehenden Tabelle folgende Größen.

Bruttowertschöpfung		**Außenbeitrag**	
Gütersteuern abzgl. Gütersubventionen		**Konsumausgaben**	
Exporte		**Abschreibungen**	

Entstehung, Verwendung und Verteilung des Bruttoinlandsprodukts 20.. in Mrd. EUR

Entstehungsrechnung	
Bruttowertschöpfung	?
Land- und Forstwirtschaft, Fischerei	20
Produzierendes Gewerbe ohne Baugewerbe	730
Baugewerbe	130
Handel, Verkehr, Gastgewerbe	420
Information & Kommunikation	130
Finanz- und Versicherungsdienstleister	106
Grundstücks- und Wohnungswesen	304
Unternehmensdienstleister	306
Öffentliche Dienstleister, Erziehung, Gesundheit	496
Sonstige Dienstleister	108
+	
Gütersteuern abzgl. Gütersubventionen	?

Verwendungsrechnung	
Konsumausgaben	?
Private Konsumausgaben	1 630
Konsumausgaben des Staates	580
+	
Bruttoinvestitionen	**620**
+	
Außenbeitrag	?
Exporte	?
Importe	1 188

Verteilungsrechnung	
Volkseinkommen	**2 140**
Arbeitnehmerentgelt	1 480
Unternehmens- und Vermögenseinkommen	660
+	
Produktions- und Importabgaben abzgl. Subventionen	**310**
+	
Abschreibungen	?
+	
Saldo der Primäreinkommen aus der übrigen Welt	**65**

Bruttoinlandsprodukt 3 052

10. Ermitteln Sie anhand des Schaubildes aus Arbeitsauftrag 9 die Lohnquote sowie die Gewinnquote und veranschaulichen Sie das Ergebnis in Form eines Kreisdiagramms.

11. Ermitteln Sie anhand folgender Informationen das BIP pro Kopf für folgende Länder.

Länder	BIP-Ländervergleich 2016 in Mrd. US-Dollar	Bevölkerungszahlen in Mio. Einwohner
USA	18 569,10	323
China	11 218,28	1 378
Japan	4 938,64	127
Deutschland	3 466,64	82
Großbritannien	2 629,19	65
Frankreich	2 463,22	66
Indien	2 256,40	1 324
Italien	1 850,74	60
Brasilien	1 798,62	207
Kanada	1 529,22	36
Russland	1 280,73	144
Australien	1 258,98	24
Spanien	1 232,60	46

USA		**Deutschland**		**Russland**	
China		**Frankreich**		**Brasilien**	

12. Beschreiben und interpretieren Sie anhand folgender Arbeitsaufgträge das Schaubild.

12.1 Ermitteln Sie, um wie viel Prozent sich das reale BIP 2015 im Vergleich zum Vorjahr verändert hat.

12.2 Stellen Sie fest, in welchem Jahr das reale BIP am stärksten gestiegen ist.

12.3 Berechnen Sie, wie viel Milliarden Euro 2017 auf den privaten Konsum entfielen.

12.4 Ermitteln Sie die Lohnquote 2017.

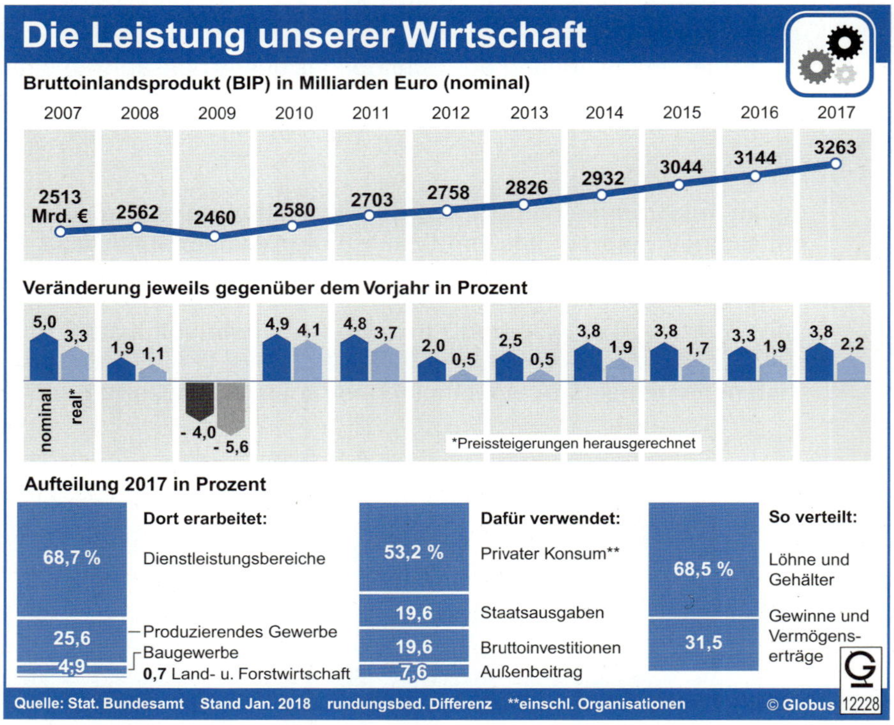

6 Kritik am BIP

Schulbuch Kap. 2.4

Situation:

Lesen Sie zunächst das nachfolgende Interview:

BIP – ein Indikator mit Schwächen?

Interview der Zeitschrift „MANAGER VON MORGEN" (MVM)
mit Dipl.-Volkswirt Knut Westerburg, Experte für Statistik und Wohlstandsforschung

MVM: Herr Westerburg, das Bruttoinlandsprodukt (BIP) gilt seit Jahrzehnten als der wichtigste Gradmesser für wirtschaftliche Leistung und Wohlstand einer Volkswirtschaft. Doch die Kennzahl ist in letzter Zeit massiv in die Kritik geraten. Was sind die Gründe?

Westerburg: Nun, die Schwachpunkte des BIPs sind seit Langem bekannt und auch unter Fachleuten unumstritten. Aufgrund von fehlenden Alternativen hat man jedoch weiterhin auf das BIP gesetzt. In der letzten Zeit ist die Unzufriedenheit jedoch gestiegen und es wird verstärkt nach einem aussagekräftigeren Wohlstandsindikator gesucht.

MVM: Bevor wir darauf zu sprechen kommen, was sind denn die Gründe für die anhaltende Kritik?

Westerburg: Die Gründe sind sehr vielfältig. Ein grundsätzliches Problem besteht darin, dass Leistungen nur dann ins BIP eingehen, wenn sie bezahlt werden. Ehrenamtliches Engagement, Kindererziehung zu Hause, Heimwerkerarbeiten und vieles mehr, werden nicht erfasst. Dafür steigern paradoxerweise Verkehrsunfälle und Umweltschäden das BIP. Vereinfachend ausgedrückt könnte man sagen: Je mehr Umweltschäden beseitigt werden müssen, desto höher das BIP.

MVM: Gibt es neben diesen Erfassungsproblemen weitere Kritikpunkte?

Westerburg: Ja. Problematisch ist auch, dass das BIP nicht zwischen erstrebenswerten und weniger erstrebenswerten Gütern und Dienstleistungen unterscheidet: Der Verkauf von Zigaretten und Alkohol erhöht das BIP genauso wie der Absatz von gesunden Lebensmitteln. Auch die Kosten, die Alkohol und Zigaretten im Gesundheitswesen verursachen, gehen positiv in die BIP-Berechnung ein.

MVM: Es fehlt also die Möglichkeit, positive und negative Effekte gegeneinander aufzurechnen?

Westerburg: Richtig. Und darüber hinaus sagt auch das BIP pro Kopf natürlich nichts darüber aus, wie die Einkommen verteilt sind.

MVM: Wie meinen Sie das?

Westerburg: Nun, es ist nicht auszuschließen, dass trotz hohem BIP ein großer Teil der Bevölkerung in Armut lebt, weil sich der Reichtum in den Händen weniger befindet.

MVM: Wie aber könnte ein realitätsnäherer Wohlstandsindikator aussehen?

Westerburg: Es sollte auf jeden Fall ein Indikator sein, der neben der wirtschaftlichen Leistung auch soziale und ökologische Aspekte berücksichtigt.

MVM: Gibt es den denn?

Westerburg: Über Alternativen denkt man schon lange nach. Schon in den 70er Jahren hat der amerikanische Nobelpreisökonom Samuelson den sogenannten Net Economic Welfare (NEW) entwickelt, der das BIP um die sozialen Kosten bereinigt und die privaten Dienste hinzurechnet. Auch die Vereinigten Nationen waren nicht untätig. Seit 1990 wird der Human Development Index (HDI) veröffentlicht, der zusätzlich zum BIP pro Kopf die Lebenserwartung und die Bildung der Bevölkerung berücksichtigt.

MVM: Durchgesetzt haben sich die Indizes aber nicht?

Westerburg: So richtig nicht. Nicht wenige halten das NEW-Konzept für einen Versuch, das nicht Messbare zu messen und der HDI erscheint manchen als zu vereinfacht.

MVM: Das heißt, man muss sich mit den Schwächen des BIP abfinden?

Westerburg: Nicht unbedingt. Alle sind sich darüber einig, dass sich der Wohlstand eines Landes nicht alleine über die Versorgung mit materiellen Gütern definiert. Daher muss das BIP um weitere Indikatoren ergänzt werden. So hat der Deutsche Bundestag eine Kommission unter Leitung des renommierten Sozialwissenschaftlers Professor Miegel damit beauftragt, diesbezügliche Vorschläge zu unterbreiten. Dabei herausgekommen ist das sogenannte Wohlstandsquintett. Dies enthält neben dem BIP pro Kopf einen Indikator zur Einkommensverteilung, die gesellschaftliche Ausgrenzungsquote, einen ökologischen Indikator und die öffentliche Schuldenquote.

MVM: Herr Westerburg, wir danken Ihnen für das Gespräch.

Arbeitsaufträge:

1. Erzieherinnen und Erzieher in Kitas und Kindergärten haben keinen leichten Job. Mütter und Väter, die ihre Kinder zu Hause betreuen, stehen oftmals vor den gleichen Herausforderungen. Erläutern Sie, worin der Unterschied bei der Berechnung des Bruttoinlandsprodukts besteht.

2. Dem BIP als Wohlstandsindikator wird häufig mit Skepsis begegnet. Führen Sie anhand des Zeitschrifteninterviews weitere Schwachpunkte auf.

1	
2	
3	
4	

3. Neben dem Net Economic Welfare (NEW) und dem Human Development Index (HDI) stellt das sogenannte Wohlstandsquintett einen weiteren möglichen Lösungsansatz für einen aussagekräftigeren Wohlstandsindikator dar. Nennen Sie mithilfe von Material 1 die fünf Indikatoren, die das Wohlstandsquintett beinhaltet.

Wohlstandsquintett	
1	
2	
3	
4	
5	

Material 1: Auszug aus dem 1 x 1 der Volkswirtschaft

1 x 1 der Volkswirtschaft

Wohlstandsquintett

Das Wohlstandsquintett besteht aus fünf Indikatoren. Das BIP pro Kopf dient als Indikator für den materiellen Wohlstand der Bevölkerung, die 80/20-Relation misst, wie dieser auf die Bevölkerung verteilt ist, die gesellschaftliche Ausgrenzungsquote ist der Gradmesser für den Zusammenhalt der Gesellschaft, der ökologische Fußabdruck ist ein Maß für ökologische Nachhaltigkeit und die Höhe der Staatsverschuldung zeigt an, wie zukunftsfähig ein Land ist.

Das **Bruttoinlandsprodukt je Einwohner (BIP pro Kopf)** ist ein Indikator für die wirtschaftliche Leistungsfähigkeit einer Volkswirtschaft und die Versorgung der Bevölkerung mit materiellen Gütern und kommerziellen Diensten. In der EU gelten Länder, die über ein BIP pro Kopf von mehr als 23 000,00 EUR verfügen als wohlhabend.

Der zweite Indikator ist die **80/20-Relation.** Damit setzt man die Summe der verfügbaren Einkommen der reichsten 20 % ins Verhältnis zu den Mitteln der ärmsten 20 % der Bevölkerung. Die Relation zeigt an, ob am materiellen Wohlstand eines Landes breite Bevölkerungsschichten teilhaben oder nur kleine Gruppen hiervon profitieren. Das Einkommen der wirtschaftlich stärksten 20 % sollte nicht mehr als das Fünffache des Einkommens der wirtschaftlich schwächsten 20 % betragen.

Steigt das verfügbare Einkommen der reichsten 20 % schneller als die Einkommen der ärmsten 20 %, wächst die Einkommensungleichheit. Untersuchungen belegen, dass die Einkommensverteilung Zufriedenheit und Wohlbefinden einer Bevölkerung erheblich beeinflussen. So sind in Ländern mit hoher Einkommensungleichheit nicht nur Depressionen, Drogensucht, Fettleibigkeit und Gewalt stärker verbreitet, sondern ihre Bevölkerungen haben auch geringere Lese- und Schreibkompetenzen sowie ein geringeres Vertrauen in ihre Mitmenschen.

Allerdings hat auch eine zu hohe Einkommensgleichheit gravierende Nachteile. Wie das Beispiel kommunistischer Planwirtschaften gezeigt hat, gehen dadurch produktive Spannungen verloren, was wiederum Innovationen und die Produktivität negativ beeinflusst.

Der dritte Indikator, die **gesellschaftliche Ausgrenzungsquote,** belegt, wie viele Menschen sich aus der Gesellschaft ausgeschlossen fühlen. Sie ist für das Wohlbefinden besonders wichtig. So sind Menschen, die nur schwach in die Gesellschaft eingebunden sind, weniger zufrieden mit ihrem Leben.

Je mehr Menschen sich aus der Gesellschaft ausgeschlossen fühlen, desto instabiler wird diese und umso größer ist das Risiko, dass soziale Konflikte auftreten. Materielle Armut oder eine hohe Einkommensungleichheit können Gründe sein, sich ausgeschlossen zu fühlen.

Oft liegt es aber auch an fehlenden menschlichen Beziehungen, an der Zugehörigkeit zu einer gesellschaftlichen Minderheit, an mangelnder Einbindung in den Arbeitsmarkt, an gesundheitlichen Problemen oder an einem geringen Bildungsniveau. Möglicherweise lassen sich Defizite im materiellen Bereich auch durch zufriedenstellende zwischenmenschliche Beziehungen, die Einbindung in den Arbeitsmarkt und in die Gesellschaft oder einen besseren Gesundheitszustand kompensieren. Die gesellschaftliche Ausgrenzungsquote sollte nicht mehr als 16 % betragen.

Die Natur ist die Lebensgrundlage der Menschen. Eine langfristige gute Lebensqualität kann nur mit einer intakten Umwelt aufrechterhalten werden. Um herauszufinden, inwieweit der aktuelle Lebensstandard auf ökologisch verträgliche Art und Weise erwirtschaftet wird, wird als weiterer Indikator der **ökologische Fußabdruck** herangezogen. Der ökologische Fußabdruck ist ein Bild, das für den Ressourcenverbrauch eines Landes steht. So werden für die Produktion von Gütern und Dienstleistungen Rohstoffe und Energie benötigt, die aus der Natur stammen.

Allerdings ist das Leistungsvermögen der Natur, Biokapazität genannt, begrenzt. So gibt es z. B. natürliche Grenzen, wie schnell sich Fischbestände wieder erholen, wie viel Kohlendioxid (CO_2) die Atmosphäre aufnehmen kann oder wie viel Fläche zur Verfügung steht, auf der Landwirtschaft betrieben werden kann. Die maximale Biokapazität der Erde bildet somit die natürliche Grenze für das Wachstum der Weltbevölkerung und die Produktion von Gütern und Dienstleistungen. Der ökologische Fußabdruck misst nun, wie viel Ressourcen (Acker- und Weideland, Gewässer sowie Wald- und Siedlungsfläche) ein Land für die Güter- und Dienstleistungsproduktion benötigt. Die so ermittelte Fläche ist der ökologische Fußabdruck eines Landes. Übersteigt der ökologische Fußabdruck die regenerierbare Biokapazität, ist der Fortbestand der Menschheit gefährdet. Rein rechnerisch stehen jedem Menschen 1,8 globale Hektar (gha) Erdoberfläche zur Verfügung, ohne dass Natur und Umwelt Schaden nehmen. Der ökologische Fußabdruck pro Kopf eines Landes sollte die globale Biokapazität pro Kopf nicht überschreiten.

Die **Schuldenquote** des Staates ist die fünfte und letzte Kennzahl. Sie drückt die **öffentliche** Gesamtverschuldung eines Landes im Verhältnis zum BIP aus. Sie gibt an, inwieweit der materielle Wohlstand „auf Pump" und damit im Vorgriff auf die Zukunft erwirtschaftet wurde. Die Schuldenquote ist folglich ein Gradmesser für die Zukunftsfähigkeit eines Landes. Denn mit steigendem Schuldenstand muss ein immer größerer Teil der öffentlichen Mittel für Zinsen und die Tilgung der Kredite verwendet werden. Somit steht weniger Geld für andere Zwecke wie Bildungsinvestitionen oder Sozialleistungen zur Verfügung. Damit werden nicht nur die wirtschaftspolitischen Gestaltungsräume in Wirtschaftskrisen eingeschränkt, sondern auch die Grundlagen künftigen materiellen Wohlstands gefährdet.

Umstritten ist, ab welcher Höhe sich die Staatsverschuldung negativ auf die Zukunftsfähigkeit eines Landes auswirkt. So wird eine kurzfristige Erhöhung der Staatsverschuldung zur Finanzierung von Zukunftsinvestitionen in Forschung oder Bildung in der Regel positiv bewertet, während eine dauerhaft hohe Staatsverschuldung durchweg negativ beurteilt wird. In der EU eine Schuldenquote von maximal 60 % angestrebt.

4. Vergleichen Sie den Wohlstand in Deutschland mit dem der unten aufgeführten Länder nach den Vorgaben des Wohlstandsquintetts und unter Berücksichtigung des vorgegebenen Datenmaterials (Material 2). Legen Sie zunächst die Grenzwerte für die einzelnen Indikatoren fest.

Indikatoren	Grenzwerte
BIP pro Kopf	
80/20-Relation	
Gesellschaftliche Ausgrenzungsquote	
Ökologischer Fußabdruck	
Öffentliche Schuldenquote	

Indikatoren	Ländervergleich					
	Deutschland		Dänemark		Niederlande	
	Wert	Bewertung*	Wert	Bewertung*	Wert	Bewertung*
BIP pro Kopf						
80/20-Relation						
Gesellschaftliche Ausgrenzungsquote						
Ökologischer Fußabdruck						
Öffentliche Schuldenquote						

Indikatoren	Ländervergleich					
	Polen		Italien		Frankreich	
	Wert	Bewertung*	Wert	Bewertung*	Wert	Bewertung*
BIP pro Kopf						
80/20-Relation						
Gesellschaftliche Ausgrenzungsquote						
Ökologischer Fußabdruck						
Öffentliche Schuldenquote						

* ++ = *sehr gut* + = *gut* +/– = *mittel* – = *schlecht* –– = *sehr schlecht.*

Material 2: Datenmaterial zum Wohlstandsquintett

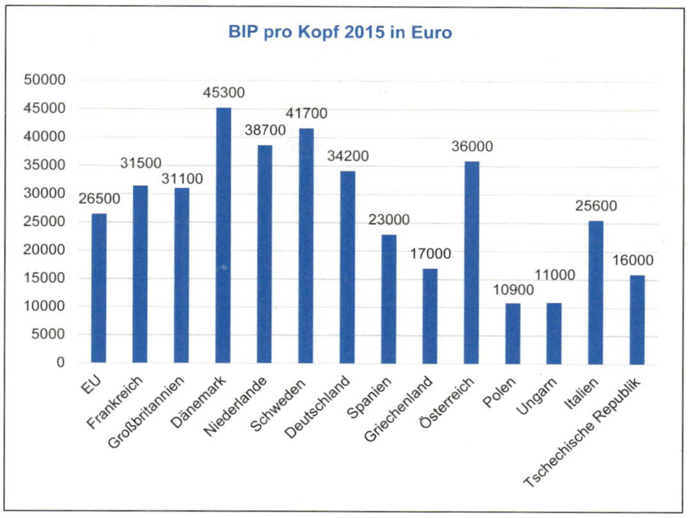

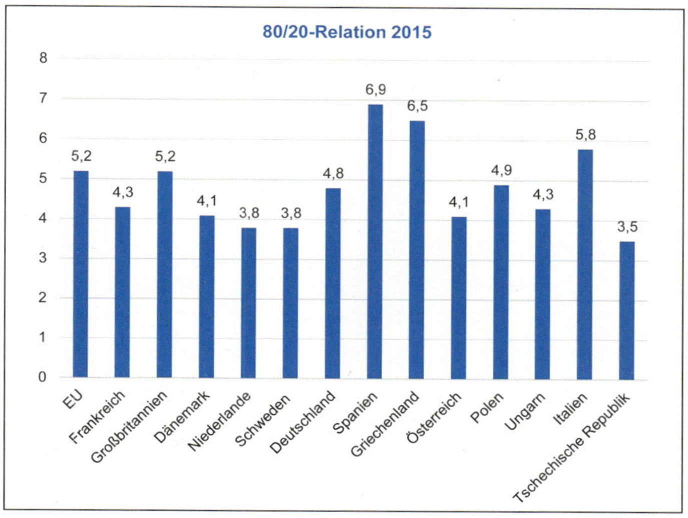

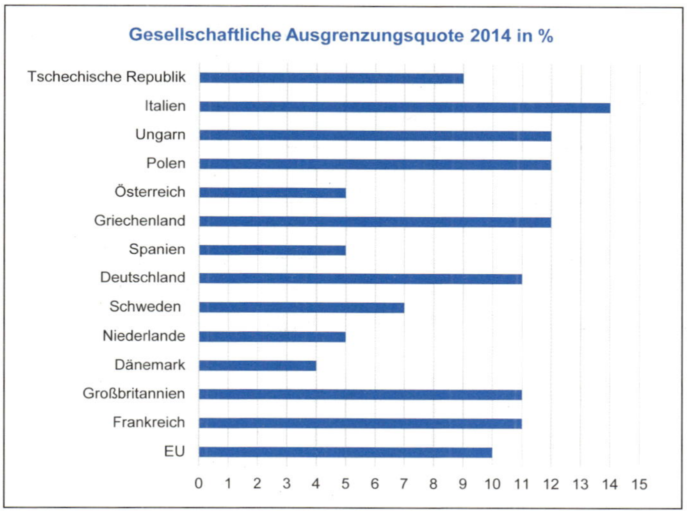

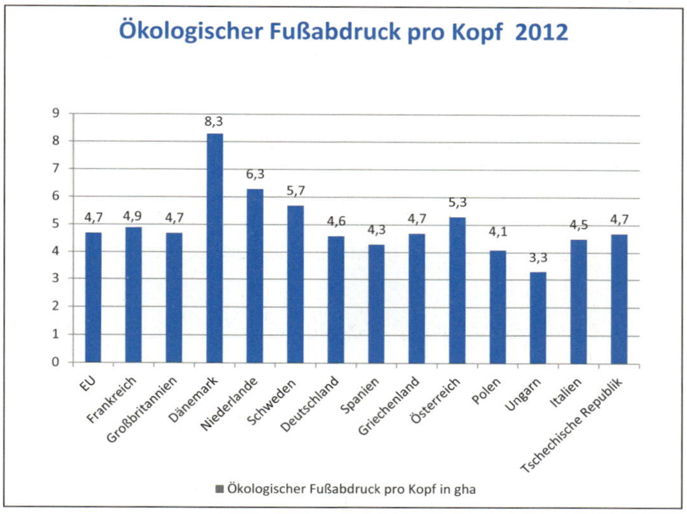

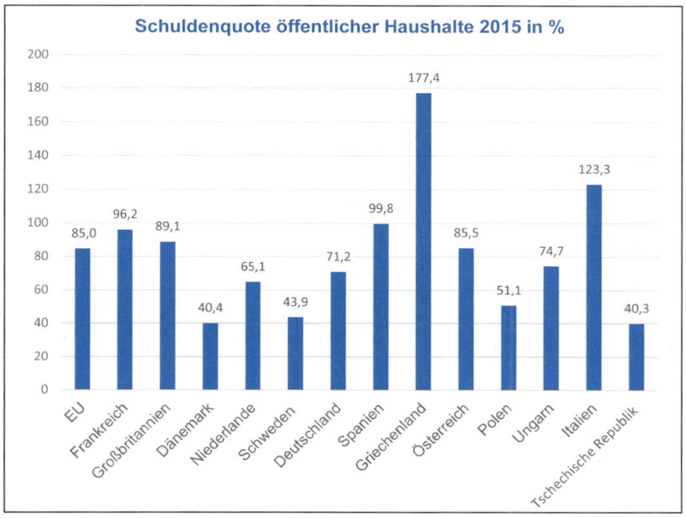

9 Martin u.a. - ISBN 978-3-8120-1453-3

Lehrplaneinheit 3: Rechtliche Grundlagen des Handelns privater Haushalte

Schulbuch Kap. 3.1.1.1

1 Rechtsfähigkeit

Situation:

Die Vorstände der Ulmer Büromöbel AG, Robert Heim, Achim Abt und Kathrin Sapel treffen sich immer montags zum wöchentlichen Teammeeting.

Herr Heim: Wie Sie bereits mitbekommen haben, ist unser ehemaliger Vorstandskollege Daniel Stein leider am vergangenen Freitag verstorben.

Herr Abt: Das ist sehr traurig! Wir werden ihn sehr positiv in Erinnerung behalten.

Frau Sapel: Selbstverständlich werden wir im Namen der Ulmer Büromöbel AG eine Traueranzeige in der regionalen Zeitung schalten.

Herr Heim: Eine sehr gute Idee! Apropos Zeitung …

Herr Abt: Sie spielen wohl auf den kuriosen Bericht in der heutigen Ausgabe der Schwäbischen Zeitung an …

Herr Heim: Ganz genau.

Frau Sapel: Welchen Artikel meinen Sie denn?

Herr Heim zeigt Frau Sapel den Artikel in der Zeitung.

Frau Sapel: Die in dem Artikel beschriebene Person könnte unser Herr Stein sein …

Herr Abt: Es deutet Einiges darauf hin. Allerdings bin ich nicht sicher, ob das Erbe auch rechtlich nach den Vorstellungen des Verstorbenen so verteilt werden kann …

Ungewöhnliches Millionenerbe

Ulm – Vergangene Woche ist ein vermögender Mann im Alter von 81 Jahren verstorben. Als Erben setzte der alleinstehende Mann seinen 14-jährigen Enkel, die Ulmer Büromöbel AG (sein ehemaliger Arbeitgeber) und seinen Dackel Bodo ein. […]

Arbeitsaufträge:

1. Informieren Sie sich im Bürgerlichen Gesetzbuch (§§ 1, 90 a BGB) und in Ihrem Schulbuch über Rechtsfähigkeit.

   1.1 Definieren Sie Rechtsfähigkeit in einem Satz.

Definition Rechtsfähigkeit	

   1.2 Beurteilen Sie, ob der Enkel, die Ulmer Büromöbel AG und der Dackel tatsächlich erben können.

		Begründung:
14-jähriger Enkel	☐ rechtsfähig (erbfähig) ☐ nicht rechtsfähig (nicht erbfähig)	
Ulmer Büromöbel AG	☐ rechtsfähig (erbfähig) ☐ nicht rechtsfähig (nicht erbfähig)	

		Begründung:
Dackel Bodo	☐ rechtsfähig (erbfähig) ☐ nicht rechtsfähig (nicht erbfähig)	

2. Erstellen Sie eine Übersicht zur Rechtsfähigkeit mithilfe der nachfolgend dargestellten Strukturvorlage.

Hinweis:
Nutzen Sie für die Bearbeitung folgende Begrifflichkeiten:

Juristische – Bund, Länder, Städte, Universitäten – Eintragung in ein Register – Vollendung der Geburt – Aufhebung – Alle Menschen – Natürliche – Kapitalgesellschaften, Vereine, Genossenschaften – Löschung – zum Tod – öffentlichen Rechts – Privatrechts – staatlicher Verleihung per Gesetz

Wer ist rechtsfähig?

	_______ Personen	_______ Personen	
		Juristische Personen des _______	Juristische Personen des _______ _______
Beispiele			
Dauer	Von _______ _______ bis _______	Von _______ _______ bis zur _______	Von _______ _______ _______ bis zur _______

3. Entscheiden Sie bei nachfolgenden Beispielen, ob eine natürliche Person, eine juristische Person des Privatrechts oder eine juristische Person des öffentlichen Rechts vorliegt.

Person	Natürliche Person	Juristische Person des Privatrechts	Juristische Person des öffentlichen Rechts
Ulmer Büromöbel AG			
Stadt Karlsruhe			
VfB Stuttgart			
Robert Bosch GmbH			
Vorstand der Ulmer Büromöbel AG Robert Heim			
Universität Freiburg			

Schulbuch Kap. 3.1.1.2

2 Geschäftsfähigkeit

Situation:

Der 17-jährige Tobias Betz ist seit September Auszubildender als Industriekaufmann bei der Ulmer Büromöbel AG. Momentan ist er in der Verkaufsabteilung eingesetzt. Er hat unter anderem die Aufgabe, eingehende Kundenanfragen zu bearbeiten. Am 15. 10. 20.. liegt ihm folgende E-Mail vor:

Ulmer Büromöbel AG

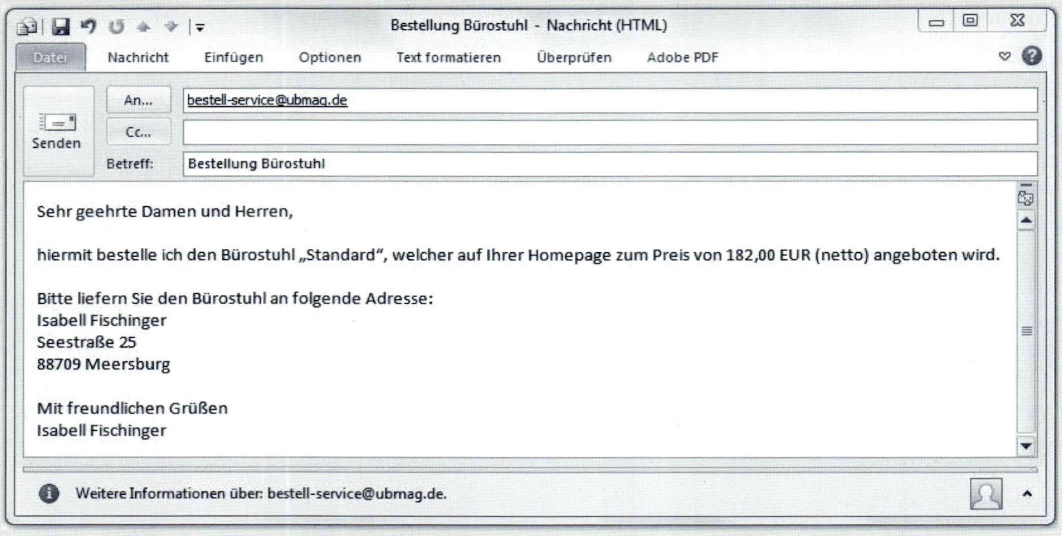

Sehr geehrte Damen und Herren,

hiermit bestelle ich den Bürostuhl „Standard", welcher auf Ihrer Homepage zum Preis von 182,00 EUR (netto) angeboten wird.

Bitte liefern Sie den Bürostuhl an folgende Adresse:
Isabell Fischinger
Seestraße 25
88709 Meersburg

Mit freundlichen Grüßen
Isabell Fischinger

Arbeitsaufträge:

1. Nehmen Sie Stellung zur Geschäftsfähigkeit, wenn die Kundin erst 16 Jahre alt ist.

   Hinweis: Geben Sie jeweils die entsprechenden Paragrafen aus dem BGB an.

2. Beurteilen Sie, ob Isabell Fischinger die Einwilligung ihrer Eltern benötigt.

   Hinweis: Geben Sie jeweils die entsprechenden Paragrafen aus dem BGB an.

3. Tobias Betz bearbeitet die Bestellung von Isabell Fischinger und leitet sie zur endgültigen Abwicklung an die Versandabteilung weiter. Am 18. 10. 20.. wird der bestellte Bürostuhl an Isabell Fischinger per Paketdienst ausgeliefert. Die Eltern von Isabell sind über den „Alleingang" ihrer Tochter sehr verärgert und fordern umgehend in einem Telefongespräch mit Tobias Betz die Rücknahme des Bürostuhls durch die Ulmer Büromöbel AG.

   Klären Sie die Rechtslage.

   Hinweis: Geben Sie jeweils die entsprechenden Paragrafen aus dem BGB an.

4. Erläutern Sie, weshalb der Gesetzgeber die Geschäftsfähigkeit von Minderjährigen beschränkt.

5. Isabell hält ihren Eltern entgegen, dass sie ihre 50,00 EUR Taschengeld, welche sie monatlich bekommt, über vier Monate lang angespart hat und sie damit den Bürostuhl kaufen darf.

   Klären Sie die Rechtslage.

   Hinweis: Geben Sie jeweils die entsprechenden Paragrafen aus dem BGB an.

6. Einige Tage später erzählt Isabell ihrer Oma, dass sie den bestellten Bürostuhl wieder zurückschicken musste. Die Oma hat Mitleid mit ihrer Enkelin und bestellt noch am selben Tag den Bürostuhl „Standard" per Telefon bei Herrn Betz. Isabells Mutter fühlt sich allerdings hintergangen und verbietet ihrer Tochter, das Geschenk der Oma anzunehmen.

   Klären Sie die Rechtslage.

   Hinweis: Geben Sie jeweils die entsprechenden Paragrafen aus dem BGB an.

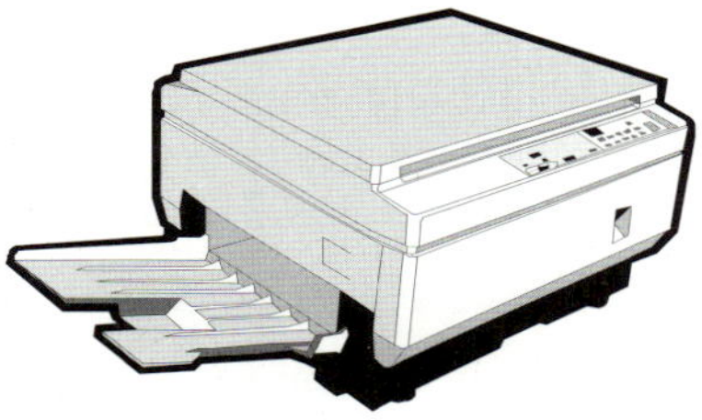

7. Marisa Sigg, die Abteilungsleiterin in der Abteilung Verkauf und aktuell für die Betreuung des Auszubildenden Tobias Betz verantwortlich, beauftragt Tobias, einen neuen Laserdrucker im Wert von 699,00 EUR für das Abteilungsbüro zu bestellen.

   Klären Sie die Rechtslage.

   Hinweis: Geben Sie jeweils die entsprechenden Paragrafen aus dem BGB an.

8. Erstellen Sie eine Übersicht zum Thema Geschäftsfähigkeit mithilfe der nachfolgend dargestellten Strukturvorlage.

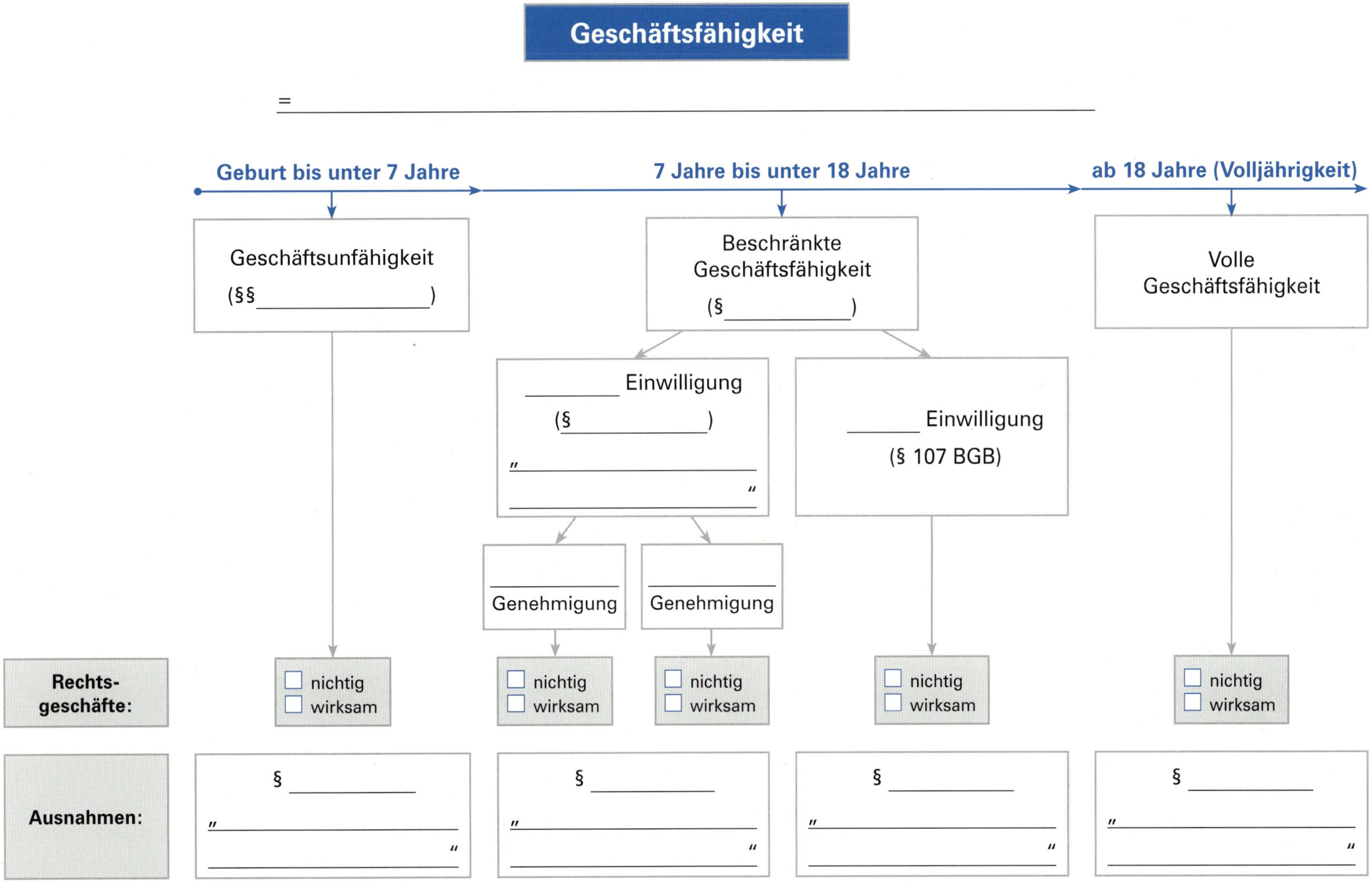

Schulbuch Kap. 3.1.2

3 Willenserklärung und Rechtsgeschäfte

Situation:

Die 16-jährige Tina Werner absolviert momentan eine Ausbildung zur Kauffrau für Büromanagement bei der Ulmer Büromöbel AG. Neben der Arbeit in den verschiedenen Abteilungen im kaufmännischen Bereich muss Tina natürlich auch in die Berufsschule. Sie nutzt die heutige Mittagspause, um ihre BWL-Hausaufgaben im Bereich „Rechtsthemen" zu erledigen. Helfen Sie ihr dabei.

Arbeitsaufträge:

1. Definieren Sie den Begriff „Willenserklärung" in eigenen Worten.

2. Nennen Sie drei Beispiele, wie eine Willenserklärung abgegeben werden kann.

   ➤

   ➤

   ➤

3. Erläutern Sie die Begrifflichkeit „konkludentes Handeln".

4. Begründen Sie, ob und ggf. wie in folgenden Fällen eine Willenserklärung abgegeben wird.

Nr.	Fall	Willenserklärung	Begründung
1	Sie steigen in Mannheim mit gültigem Fahrschein in den Bus ein.	☐ ja ☐ nein	
2	Sie unterschreiben einen Mietvertrag für eine 2-Zimmerwohnung in Karlsruhe *(unter der Annahme der Volljährigkeit).*	☐ ja ☐ nein	
3	Sie gehen zum nächstgelegenen Bäcker und sagen: „Ich hätte gerne einen großen Kaffee mit Milch zum mitnehmen."	☐ ja ☐ nein	
4	Sie möchten nach einem Kneipenbesuch mit dem Taxi nach Hause fahren. Durch Handheben veranlassen Sie ein vorbeifahrendes Taxi zu halten, in das Sie dann unter Angabe Ihrer Adresse einsteigen.	☐ ja ☐ nein	
5	Im Getränkemarkt fragen Sie die Verkäuferin: „Wie viel kostet die Kiste Apfelsaft bei Ihnen?"	☐ ja ☐ nein	

5. Rechtsgeschäfte

5.1 Unterscheiden Sie zwischen einseitigen und zweiseitigen Rechtsgeschäften.

Einseitige Rechtsgeschäfte	Zweiseitige Rechtsgeschäfte

5.2 Skizzieren Sie das Zustandekommen einer Kündigung, wenn diese per Post versendet wird und der Empfänger nicht anwesend ist.

	☐ einseitig	☐ zweiseitig
Wie viele Willenserklärungen sind für die Gültigkeit des Rechtsgeschäfts notwendig?		

10 Martin u.a. - ISBN 978-3-8120-1453-3

	☐ empfangsbedürftig	☐ nicht empfangsbedürftig
Muss die Willenserklärung dem Empfänger zugehen?		

	☐ unter Anwesenden	☐ unter Abwesenden
Ist der Empfänger anwesend?		

5.3 Skizzieren Sie das Zustandekommen einer Schenkung von 100,00 EUR, die der 18-jährige Max von seinem Opa Anton bekommt.

	☐ einseitig	☐ zweiseitig
Wie viele Willenserklärungen sind für die Gültigkeit des Rechtsgeschäfts notwendig?		

	☐ einseitig verpflichtend	☐ zweiseitig verpflichtend
Welche Vertragspartner verpflichten sich zu einer Leistung?		

Schulbuch
Kap. 3.1.6

4 Besitz und Eigentum

Situation:

Steffi Kugler, die Abteilungsleiterin der Personalabteilung der Ulmer Büromöbel AG, hat im vergangenen Jahr einige private Anschaffungen getätigt. Unter anderem hat sie im ortsansässigen Elektromarkt einen neuen Flatscreen TV erworben und ihrem Nachbarn einen gebrauchten elektrischen Eiscrusher abgekauft. Frau Kugler weiß allerdings nicht, dass ihr Nachbar den Eiscrusher von einem Bekannten ausgeliehen hat.

Arbeitsaufträge:

1. Definieren Sie mithilfe des BGB die Begriffe „Besitz“ und „Eigentum“.

Besitz	
Eigentum	

2. Erläutern Sie, wie die Eigentumsübertragung für den Flatscreen TV abgelaufen ist.

   Hinweis: Geben Sie die entsprechenden Paragrafen aus dem BGB an.

3. Erläutern Sie, wie die Eigentumsübertragung für den Eiscrusher abgelaufen ist.

   Hinweis: Geben Sie die entsprechenden Paragrafen aus dem BGB an.

4. Zählen Sie zwei Beispiele auf, bei denen kein gutgläubiger Erwerb möglich ist.

   ➤

   ➤

Fortsetzung der Situation:

Nach jahrelanger Suche hat sich Steffi Kugler letzte Woche endlich einen großen Lebenstraum erfüllt, nämlich den Kauf einer Ferienwohnung in Überlingen am Bodensee. Da sie für ihr Leben gern segelt und schon seit Jahren immer am Bodensee Urlaub macht, erfüllt die kleine 2-Zimmer-Wohnung mit Seeblick genau ihr Anforderungsprofil.

5. Beschreiben Sie, wie hier die Eigentumsübertragung abläuft.

   Hinweis: Geben Sie die entsprechenden Paragrafen aus dem BGB an.

Fortsetzung der Situation:

Frau Kugler freut sich riesig, dass sie endlich eine Ferienwohnung am Bodensee gefunden hat. Nachdem das Geschäft komplett abgewickelt und die Grundbucheintragung erfolgt ist, bestellt sie aus Freude darüber drei Kisten à 6 Flaschen ihres Lieblingsweins:

WEINGUT
Graf GmbH

Weingut Graf GmbH · Seestr. 20 · 88709 Hagnau

Steffi Kugler
Münsterstr. 22
89073 Ulm

Berater: Mark Herbst
Telefon: 07532 205010
Telefax: 07532 205011
E-Mail: info@weingut-graf.de

Datum: 20.09.20..

Rechnung

Sehr geehrte Frau Kugler,

für unsere erbrachten Leistungen berechnen wir Ihnen wie folgt:

Pos.	Artikel-Nr.	Artikelname	Menge	Einzelpreis EUR	Gesamtpreis EUR
1	14490	Hagnauer Spätburgunder Rosé	18	6,99	125,82

Der Rechnungsbetrag enthält 23,91 € USt (19%).

Die Ware bleibt bis zur vollständigen Bezahlung unser Eigentum. Die Zahlungsfrist beträgt 7 Tage ab Warenerhalt ohne Abzug.

6. Beurteilen Sie die Besitz- und Eigentumsverhältnisse im vorliegenden Fall.

   Hinweis: Geben Sie die entsprechenden Paragrafen aus dem BGB an.

Schulbuch Kap. 3.1.7

5 Nichtigkeit und Anfechtbarkeit

Situation:

Die 16-jährige Auszubildende Tina Werner lernt fleißig für die nächste BWL-Klassenarbeit in der Berufsschule. Zur Vorbereitung wiederholt sie heute die Themen Nichtigkeit und Anfechtbarkeit. Bei einigen Fällen benötigt sie allerdings noch ein wenig Hilfe ...

Arbeitsaufträge:

1. Ordnen Sie nachfolgenden Fällen den entsprechenden Nichtigkeitsgrund zu.

Hinweis: Ziehen Sie § 105 II BGB – § 117 BGB – § 118 BGB – § 125 BGB – § 134 BGB – § 138 BGB für die Lösung der Fälle heran.

Nr.	Fall	Gesetzliche Grundlage	Nichtigkeitsgrund
1	Toni Neureuther verkauft in volltrunkenem Zustand seinen einjährigen Golf VII (Neupreis: 24 500,00 EUR) für 1 000,00 EUR.		
2	Bei einem Grundstückskauf erklären Verkäufer und Käufer eines Grundstücks vor dem Notar, den Kauf zu einem Preis von 100 000,00 EUR abwickeln zu wollen. Tatsächlich wurden jedoch 150 000,00 EUR bezahlt. Mit dem zu niedrig angegebenen Kaufpreis sollten die Kosten für die Grunderwerbsteuer[1] gedrückt werden.		
3	Karl Maier erwirbt auf einer Party von einer zwielichtigen Gestalt 2 g Marihuana.		
4	Der Student Nicola Cerone sucht seit Wochen in der Universitätsstadt Heidelberg vergeblich nach einem Zimmer. Am Tage des Vorlesungsbeginns schließt er verzweifelt einen Mietvertrag über ein Zimmer in einer Kellerwohnung (14 m^2) neben der Universität zu einer Monatsmiete von 1 250,00 EUR ab.		
5	Nils Petersen kauft ein Grundstück am Freiburger Stadtrand. Der Kaufvertrag wird mündlich geschlossen.		
6	Stefan Rosenwirth verspricht in ausgelassener Laune jedem seiner Freunde, der im Anzug vom 10-m-Turm ins Freibad springt, 150,00 EUR. Zu seinem Entsetzen springen seine Kumpels Manuel, Max und Mark hinein.		

1 In Baden-Württemberg beträgt der Steuersatz für die Grunderwerbsteuer aktuell 5 %.

2. Ordnen Sie nachfolgenden Fällen den entsprechenden Anfechtungsgrund sowie die entsprechende Anfechtungsfrist zu.

   Hinweis: Nutzen Sie hierfür die §§ 119–124 BGB.

Nr.	Fall	Anfechtungsgrund	Anfechtungsfrist
1	Der 19-jährige Charly aus Tuttlingen kehrt im Rahmen eines Kurztrips nach Berlin in einer typischen Berliner Gaststätte ein. Dort bestellt er einen „Pfannkuchen". Statt des erwarteten Teigfladens bringt der Kellner ihm einen „Berliner" (Pfannkuchen heißen in Berlin Eierkuchen und „Berliner" werden in Berlin „Pfannkuchen" genannt).		
2	Frau Herbst hat am Sonntag im Schaufenster einer Damenboutique auf der Stuttgarter Königstraße eine Handtasche gesehen, in die sie sich sofort „verliebt" hat. Das Preisschild war allerdings verdeckt. Am darauffolgenden Montag ruft sie umgehend in der Boutique an und bestellt die Handtasche. Die Auszubildende Sandra Winter nennt am Telefon versehentlich einen Preis von 80,00 EUR. Allerdings hat sie nicht richtig auf das Preisschild geschaut, der eigentliche Preis der Handtasche beträgt 800,00 EUR.		
3	Florian Mayer kauft auf der Ostalb nahe Aalen ein Grundstück für umgerechnet 100 000,00 EUR. Er möchte darauf ein Einfamilienhaus bauen. Nach Abschluss des Kaufvertrages stellt sich allerdings heraus, dass das Grundstück mit einem Bauverbot belegt ist und folglich deutlich weniger Wert hat.		

Nr.	Fall	Anfechtungsgrund	Anfechtungsfrist
4	Etienne Zelnicek möchte sich einen gebrauchten VW Passat kaufen, den er bei einem Gebrauchtwagenhändler in Friedrichshafen gesehen hat. Während der Vertragsverhandlungen fragt Herr Zelnicek mehrmals, ob der Wagen auch unfallfrei sei, andernfalls wolle er vom Kauf absehen. Der Verkäufer sichert Herrn Zelnicek wahrheitswidrig die Unfallfreiheit zu. Kurze Zeit nachdem er das Auto gekauft hat, erfährt Herr Zelnicek, dass das Auto bereits zwei größere Blechschäden gehabt hat.		
5	Karl Huber besitzt ein sehr schönes Seegrundstück in Kressbronn am Bodensee, an dem Albrecht Adam interessiert ist. Da Herr Huber nicht zum Verkauf bereit ist, droht ihm Herr Adam, er werde gegenüber Hubers Frau einiges über das Vorleben ihres Mannes erzählen. Daraufhin entschließt sich Herr Huber völlig verängstigt zum Verkauf der Grundstücks.		
6	Kathrin Zürn kauft in der Karlsruher Innenstadt für ihren Mann ein blaues Hemd, welches genau zu dessen blau kariertem Anzug passt. Zu Hause angekommen merkt sie, dass sich Hemd und Anzug farblich beißen und überhaupt nicht zusammen passen. Daraufhin fährt sie sofort zu dem Geschäft zurück und möchte vom Kaufvertrag zurücktreten.		

6 Verbrauchsgüterkaufverträge prüfen und deren Gültigkeit beurteilen

Schulbuch
Kap. 3.2.1+3.2.2

Situation:

Aufgrund einer Anfrage des pensionierten Lehrers Lutz Rauthe über die Lieferung eines Schreibtisches erstellt der Verkaufssachbearbeiter Marcel Kruse ein entsprechendes Angebot und sendet es auf dem Postweg an den potenziellen Kunden. Einige Zeit später liegt die Bestellung von Herrn Rauthe auf seinem Schreibtisch.

UB Ulmer Büromöbel AG

UB Ulmer Büromöbel AG

Ulmer Büromöbel AG · Industriepark 5 · 89073 Ulm

Herrn
Lutz Rauthe
Wangener Str. 25
88212 Ravensburg

Ihr Zeichen:	
Ihre Nachricht vom:	14.02.20..
Unser Zeichen:	kru
Unsere Nachricht vom:	
Name:	Marcel Kruse
Telefon:	0731 3879-77
Telefax:	0731 3879-10
E-Mail:	kruse@ubmag.de
Datum:	18.02.20..

Angebot Schreibtisch

Sehr geehrter Herr Rauthe,

wir bedanken uns für Ihre Anfrage und freuen uns, Ihnen einen entsprechenden Schreibtisch anbieten zu können.

Schreibtisch Standard
Rahmen aus pulverbeschichtetem Stahlrohr, Glasplatte
Artikelnummer: A-1003110

Listenverkaufspreis (netto): 540,00 EUR je Stück inkl. Verpackung zzgl. 19 % USt

Die Lieferung erfolgt frei Haus. Die Lieferzeit beträgt 14 Tage nach Auftragseingang. Unser Angebot ist bis zum 10.03.20.. gültig. Die Rechnung ist innerhalb von 14 Tagen nach Rechnungsdatum mit 3 % Skonto oder 30 Tage netto Kasse zu begleichen.

Wir würden uns freuen, Sie als neuen Kunden begrüßen zu dürfen.

Mit freundlichem Gruß

Ulmer Büromöbel AG

i. A. *Marcel Kruse*

Marcel Kruse

11 Martin u.a. - ISBN 978-3-8120-1453-3

Lutz Rauthe | Wangener Str. 25 | 88212 Ravensburg

Tel.: 0751 3834
Mobil: 0160 71849026
Mail: lutz-rauthe@gmail.com

Lutz Rauthe | Wangener Str. 25 | 88212 Ravensburg

Ravensburg, 28.02.20..

Ulmer Büromöbel AG
Herrn Marcel Kruse
Industriepark 5
89073 Ulm

Bestellung des Schreibtisches Standard

Sehr geehrter Herr Kruse,

gemäß Ihrem Angebot vom 18.02.20.. bestelle ich folgenden Artikel zu den von Ihnen genannten Konditionen.

Schreibtisch Standard
A-1003110
Menge: 1

Mit freundlichen Grüßen

Lutz Rauthe

Lutz Rauthe

Arbeitsaufträge:

1. Beurteilen Sie anhand von Angebot und Bestellung, ob im vorliegenden Fall ein Kaufvertrag zwischen der Ulmer Büromöbel AG und Herrn Rauthe zustande gekommen ist.

   Hinweis: Geben Sie die entsprechenden Paragrafen aus dem BGB an.

2. Herr Hermann, bei der Ulmer Büromöbel AG zuständig für die Reklamationsabwicklung, bestellt am 20.03.20.. im Internet beim Buchhändler Maier e.Kfm. die 5. Auflage eines Fachbuchs zum Thema Kaufvertragsstörungen. Noch am selben Tag erhält er per E-Mail die Auftragsbestätigung, allerdings über die 4. Auflage des Fachbuchs. Herr Hermann antwortet ebenfalls noch am selben Tag per E-Mail, dass er das Fachbuch trotzdem gerne bestellen würde. Am 22.03.20.. wird das Buch mangelfrei geliefert.

   Begründen Sie, wie und wann der Kaufvertrag zustande gekommen ist.

   Hinweis: Geben Sie die entsprechenden Paragrafen aus dem BGB an.

3. Vervollständigen Sie das Schaubild, indem Sie nachfolgende Begriffe korrekt eintragen: *Auftragsbestätigung – Bestellung – Bestellung – (verbindliches) Angebot.*

Zustandekommen des Kaufvertrags

durch →	**Willenserklärung 1**	+	**Willenserklärung 2**
Alternative 1	______ **durch den Verkäufer**		______ **durch den Käufer**
Alternative 2	______ **durch den Käufer**		______ **durch den Verkäufer**

4. Prüfen Sie, ob in folgenden Fällen ein Verbrauchsgüterkaufvertrag zustande gekommen ist und begründen Sie Ihre Auffassung.

Hinweis: Geben Sie jeweils die entsprechenden Paragrafen aus dem BGB an.

Fall A: Alexander Rothacher, Controlling-Abteilungsleiter der Ulmer Büromöbel AG, möchte im Urlaub sein Gartenhäuschen aus Holz neu streichen. Hierzu benötigt er eine spezielle Holzschutzfarbe. Aus diesem Grund stellt er Anfragen an verschiedene Baumärkte mit der Bitte um Abgabe eines Angebots. Nach eingehender Prüfung der rechtlich verbindlichen Angebote, die per E-Mail am 20.05.20.. bei Herrn Rothacher eingegangen sind, bestellt er am 21.05.20.. beim Baumarkt DoItYourself GmbH 50 Liter Holzschutzfarbe zu deren Konditionen.

Ist ein Kaufvertrag zustande gekommen?	Begründungen
☐ Kaufvertrag ☐ kein Kaufvertrag	

Fall B: Die Ulmer Büromöbel AG erhält am 10.06.20.. eine Bestellung per Fax des Kunden Jürgen Breuer aus Sigmaringen. Am 17.06.20.. bestätigt die Ulmer Büromöbel AG die Bestellung per E-Mail. Der Kunde erhält die Warenlieferung und die Rechnung am 21.06.20..

Herr Breuer nimmt die Ware an und bezahlt diese noch am selben Tag per Online-Banking.

Ist ein Kaufvertrag zustande gekommen?	Begründungen
☐ Kaufvertrag ☐ kein Kaufvertrag	

Fall C: Marko Schöpf ist am Büroschrank Standard interessiert. Aufgrund einer diesbezüglichen Anfrage unterbreitet die Ulmer Büromöbel AG am 26.08.20.. per Fax ein Angebot, das die Bemerkung „dieses Angebot ist unverbindlich“ enthält. Einverstanden mit dem Preis und den übrigen Konditionen bestellt Herr Schöpf am 27.08.20.. ebenfalls per Fax den Büroschrank. Kurze Zeit später teilt die Ulmer Büromöbel AG mit, dass der Büroschrank aufgrund gestiegener Lohnkosten nur zu einem um 10 % höheren Preis verkauft werden kann.

Ist ein Kaufvertrag zustande gekommen?	Begründungen
☐ Kaufvertrag ☐ kein Kaufvertrag	

Fall D: Herr Bäumer, Einkaufssachbearbeiter der Ulmer Büromöbel AG, bestellt für seinen privaten Gebrauch am 10.09.20.. beim Elektromarkt Müller GmbH aufgrund eines Verkaufsprospekts einen neuen Fernseher zum Preis von 799,00 EUR inkl. Lieferung und Einstellung der verfügbaren Sender. Die Lieferzeit soll eine Woche betragen. Zwei Tage später erhält Herr Bäumer telefonisch die Nachricht, dass das von ihm bestellte Fernsehgerät aus dem Sortiment herausgenommen wurde und daher nicht mehr geliefert werden kann.

Ist ein Kaufvertrag zustande gekommen?	Begründungen
☐ Kaufvertrag ☐ kein Kaufvertrag	

Schulbuch Kap. 3.2.5

7 Allgemeine Geschäftsbedingungen (AGB)

Situation:

Der Abteilungsleiter Lager/Fertigerzeugnisse der Ulmer Büromöbel AG, Gregor Köbach, ist in seiner Freizeit glühender Anhänger des Basketball-Teams aus Ulm. Da er schon länger nicht mehr bei einem Spiel live dabei war, möchte er unbedingt ein Ticket für das Württemberg-Derby gegen Ludwigsburg erwerben. Vor einem Ticketshop in der Ulmer Innenstadt wird auf einem Flyer folgendes Angebot angepriesen:

Ticket-Center Buy & Buy – Ticket-Center Buy & Buy – Ticket-Center Buy & Buy – Ticket-Center Buy & Buy

Angebot

1 Ticket für das Basketballspiel

Ulm – Ludwigsburg

Ort:	**Arena Ulm**	**Kategorie 1**
Datum:	**30.03.20..**	**Block 10, Reihe 20, Platz 5**
Zeit:	**18:30 Uhr**	**Kosten: 14,90 EUR (inkl. 19 % USt)**

Hinweis: Dieser Vertrag unterliegt den umseitig abgedruckten Bedingungen.
Sie erhalten das Ticket in den nächsten Tagen auf dem Postweg zugesendet.

Herr Köbach greift sofort zu und schließt den Kaufvertrag am 01.03.20.. ab.

Arbeitsaufträge:

1. Beurteilen Sie, ob die Allgemeinen Geschäftsbedingungen (AGB) bei diesem Vertrag Bestandteil werden können.

   Hinweis: Geben Sie die entsprechenden Paragrafen aus dem BGB an.

2. Nachdem Herr Köbach das Ticket zugeschickt bekommen hat, liest er sich die AGB genauer durch. Dort steht unter anderem folgender Passus:

> **I. Vertragsbedingungen**
> Werden Karten zum Basketballspiel Ulm gegen Ludwigsburg bestellt, so ist gleichzeitig auch ein 100,00-Euro-Gutschein für den Fan-Shop neben der Basketball Arena zu erwerben.

Prüfen Sie, ob diese AGB-Klausel rechtswirksam ist.

Hinweis: Geben Sie die entsprechenden Paragrafen aus dem BGB an.

3. Diese weiteren Bedingungen sind ebenfalls in den AGB aufgeführt:

> **II. Lieferbedingungen**
> Können die Tickes nicht zum vereinbarten Zeitpunkt geliefert werden, so ist der Verkäufer berechtigt, eine Nachfrist von drei Tagen zu setzen.
>
> **III. Zahlungsbedingungen und Preise**
> Wir behalten uns das Recht vor, bei Lieferfristen, die länger als sechs Wochen dauern, den Verkaufspreis in angemessener Weise zu erhöhen.
>
> **IV. Leistungsänderungen**
> Wir behalten uns das Recht vor, bestellte Tickets auch aus einem anderen Fanblock zu liefern.
> [...]

Prüfen Sie, ob nachfolgende AGB-Klauseln rechtswirksam sind.

Hinweis: Geben Sie die entsprechenden Paragrafen aus dem BGB an.

II. Lieferbedingungen	
☐ AGB-Klausel ist rechtswirksam.	☐ AGB-Klausel ist **nicht** rechtswirksam.
Begründung:	

III. Zahlungsbedingungen und Preise	
☐ AGB-Klausel ist rechtswirksam.	☐ AGB-Klausel ist **nicht** rechtswirksam.
Begründung:	

IV. Leistungsänderungen	
☐ AGB-Klausel ist rechtswirksam.	☐ AGB-Klausel ist **nicht** rechtswirksam.
Begründung:	

4. Beurteilen Sie abschließend die Gültigkeit des Kaufvertrags.

   Hinweis: Geben Sie die entsprechenden Paragrafen aus dem BGB an.

Schulbuch Kap. 3.3

8 Fernabsatzverträge prüfen und deren Gültigkeit beurteilen

Situation:

Für den Campingurlaub in Italien bestellt der Abteilungsleiter Lager/ Werkstoffe Philipp Uhl am 20.06... im Internet bei dem Camping-Zubehör-Versand Walkster GmbH ein Zelt. Den Rechnungsbetrag von 199,00 EUR bezahlt Herr Uhl umgehend nach Erhalt der Ware. Zu Testzwecken baut er das Zelt einmal auf, wobei die Verpackung beschädigt und die Heringe beschmutzt werden. Die Wettervorhersage für den Italien-Urlaub ist allerdings nicht besonders gut, es werden anhaltende Regenschauer vorhergesagt. Daraufhin schickt Herr Uhl das Zelt 10 Tage nach Erhalt wieder an den Internetversand Walkster GmbH zurück.

Arbeitsaufträge:

1. Erläutern Sie, unter welchen Bedingungen ein Fernabsatzvertrag zustande kommt.

   Hinweis: Geben Sie jeweils die entsprechenden Paragrafen aus dem BGB an.

2. Skizzieren Sie das Widerrufsrecht bei einem Fernabsatzvertrag und vergleichen Sie die Möglichkeit eines Widerrufs mit dem Kauf in einem Einzelhandelsgeschäft.

   Hinweis: Geben Sie jeweils die entsprechenden Paragrafen aus dem BGB an.

12 Martin u.a. - ISBN 978-3-8120-1453-3

3. Begründen Sie, weshalb der Verbraucher vom Gesetzgeber bei Kaufverträgen, die mittels Fernkommunikationsmittel abgeschlossen werden, besonders geschützt wird.

4. Erläutern Sie, ob der Widerruf von Herrn Uhl rechtskonform ist und ob er den Kaufpreis zurückerstattet bekommt.

Hinweis: Geben Sie jeweils die entsprechenden Paragrafen aus dem BGB an.

Schulbuch Kap. 3.4.2

9 Mit einer mangelhaften Lieferung (Schlechtleistung) rechtssicher umgehen

Situation:

Am 26. 04. 20 . . liegt folgendes Schreiben auf dem Tisch von Herrn Kruse, Verkaufssachbearbeiter bei der Ulmer Büromöbel AG:

UB Ulmer Büromöbel AG

Lutz Rauthe | Wangener Str. 25 | 88212 Ravensburg

Tel.: 0751 3834
Mobil: 0160 71849026
Mail: lutz-rauthe@gmail.com

Lutz Rauthe | Wangener Str. 25 | 88212 Ravensburg

Ravensburg, 26.03.20..

Ulmer Büromöbel AG
Herrn Marcel Kruse
Industriepark 5
89073 Ulm

Mängelrüge

Sehr geehrter Herr Kruse,

am 28.02.20.. habe ich bei Ihnen den Schreibtisch Standard bestellt, der am 25.03.20.. vereinbarungsgemäß geliefert wurde. Leider musste ich folgende Mängel feststellen:

1. Die Plastikverkleidung der Tischfüße ist nicht dunkelgrau, sondern schwarz.
2. Auf der Tischplatte befindet sich ein 3 cm langer Kratzer.

Bitte nehmen Sie umgehend Kontakt mit mir auf.

Mit freundlichen Grüßen

Lutz Rauthe

Lutz Rauthe

Arbeitsaufträge:

1. Nennen Sie die Sachmängel, welche gemäß BGB (im Hinblick auf die Sache und Erkennbarkeit) von Herrn Rauthe festgestellt wurden.

Mängel	Mängelarten im Hinblick auf die	
	Erkennbarkeit	Sache
1		
2		

2. Nennen Sie die Rechte, die dem Käufer bei einer mangelhaften Lieferung auf der 1. Stufe (= vorrangige Rechte) grundsätzlich zur Verfügung stehen.

Hinweis: Tragen Sie diese in die zur Verfügung stehenden Strukturvorlage ein.

Vorrangige Rechte des Käufers bei Schlechtleistung (mangelhafter Lieferung)

ohne eine ____________ setzen zu müssen, hat der Käufer das Recht auf

[ ] + [ ]

wahlweise

[ ] [ ]

nur wenn ein ______________ entstanden ist und der Verkäufer den ______________ ________________ hat.

➤ Nacherfüllung gilt nach ________________________________ als fehlgeschlagen.

➤ Verkäufer kann das gewählte Recht der Nacherfüllung bei ________________________ hohen Kosten ablehnen.

3. Nennen Sie die Rechte, die Sie anstelle von Herrn Rauthe einfordern würden.

Sachmängel	Eingefordertes Recht

4. Nehmen Sie Folgendes an: Aufgrund von Kapazitätsengpässen kann die Ulmer Büromöbel AG in den nächsten vier Monaten keine Tischplatten für den Schreibtisch Standard liefern. Die Nacherfüllung ist also nicht möglich.

   Stellen Sie dar, welche nachrangigen Rechte (= 2. Stufe) dem Käufer nun generell zur Verfügung stehen.

   Hinweis: Tragen Sie diese in die zur Verfügung stehenden Strukturvorlage ein.

Nachrangige Rechte des Käufers bei Schlechtleistung (mangelhafter Lieferung)

nach ____________ Ablauf der gesetzten ____________ zur Nacherfüllung kann der Käufer

wahlweise

nur bei ____________ Mängeln

+

+

nur wenn ____________ bzw. ____________ entstanden sind und der Verkäufer den ____________ hat.

5. Entscheiden Sie, welches Recht Sie anstelle von Herrn Rauthe bezogen auf den Kratzer unter folgender Annahmen einfordern würden.

   Annahmen:

   ➤ Der Lieferengpass ist auf einen mehrwöchigen Streik in der Holzindustrie zurückzuführen. Deshalb können derzeit keine Holzmöbel gefertigt und ausgeliefert werden.

   ➤ Vergleichbare Schreibtische sind bei einem anderen Lieferanten zum gleichen Preis sofort lieferbar.

Eingefordertes Recht	

6. Nehmen Sie an, Herr Rauthe hätte sich im obigen Fall (Arbeitsauftrag 5) dazu entschieden, vom Vertrag zurückzutreten und zusätzlich Schadensersatz statt Leistung zu fordern.

   Begründen Sie, wie die Erfolgsaussichten der Ulmer Büromöbel AG vor Gericht wären, wenn sie nicht bereit wäre, die Schadensersatzforderung zu akzeptieren.

7. Thomas Schneider, Inhaber des Reisebüros Schneider e. Kfm., plant am 02.05.20.. eine Zweigstelle in Biberach zu eröffnen. Er bestellt die komplette Büroeinrichtung bei der Ulmer Büromöbel AG. Die Lieferung inkl. Montage der Büroeinrichtung ist für den 30.04.20.. geplant. Beim Auspacken der Ware bemerkt Herr Schneider, dass die falschen Artikel geliefert worden sind. In einem Telefonat mit Herrn Kruse, dem zuständigen Verkaufssachbearbeiter bei der Ulmer Büromöbel AG, stellt sich heraus, dass versehentlich die falsche Artikelnummer an die Lagerabteilung weitergeleitet wurde. Die Lieferung der bestellten Büroeinrichtung ist nun erst am 04.05.20.. möglich. Herr Schneider ist außer sich. Nach Rücksprache mit seinem Anwalt fordert er die schnellstmögliche Lieferung der bestellten Büroeinrichtung und einen Schadensersatz in Höhe von 800,00 EUR für den Verdienstausfall.

   7.1 Nennen Sie die Art des Mangels im Hinblick auf die Erkennbarkeit und die Sache.

   7.2 Nennen Sie die Art des Schadensersatzes, den Herr Schneider fordert.

   7.3 Begründen Sie, ob die Schadensersatzforderung berechtigt ist.

7.4 Erläutern Sie, innerhalb welcher Frist Herr Schneider seine Gewährleistungsansprüche geltend machen muss, damit er seine Rechte, die sich aus der mangelhaften Lieferung ergeben, nicht verliert.

____

____

8. Nennen Sie fünf Folgen, die für die Ulmer Büromöbel AG auftreten können, wenn sich Reklamationen wegen mangelhafter Lieferung häufen.

- ____

  ____
- ____

  ____
- ____

  ____
- ____

  ____
- ____

  ____

Schulbuch Kap. 3.4.3

10 Mit einem Lieferungsverzug (Nicht-Rechtzeitig-Lieferung) rechtssicher umgehen

Situation:

Am 26.04.20.. verfasst die Kundin Cornelia Wagner folgendes Schreiben an die Ulmer Büromöbel AG:

UB Ulmer Büromöbel AG

Tel.: 07951 824579
Mobil: 0171 222333444
E-Mail: conniwa@gmx.de

Cornelia Wagner :: Jahnstraße 25 :: 74564 Crailsheim

Cornelia Wagner :: Jahnstraße 25 :: 74564 Crailsheim

Crailsheim, 26.04.20..

Ulmer Büromöbel AG
Herrn Marcel Kruse
Industriepark 5
89073 Ulm

Bestellung vom 18.04.20..

Sehr geehrter Herr Kruse,

am 18.04.20.. haben ich bei Ihnen 1 Bürostuhl Deluxe bestellt, der gemäß Kaufvertrag am 25.04.20.. geliefert werden sollte. Heute Morgen teilten Sie mir auf Nachfrage telefonisch mit, dass der Bürostuhl aufgrund der guten Auftragslage erst am 28.04.20.. geliefert werden kann.

Da ich die Lieferungsverzögerungen nicht akzeptiere, trete ich hiermit vom Kaufvertrag zurück. Ich habe in der Zwischenzeit einen vergleichbaren Bürostuhl bei einem Ihrer Konkurrenten bestellt.

Da der Bürostuhl 50,00 EUR teurer ist, stelle ich Ihnen die Mehrkosten in Rechnung.

Bitte überweisen Sie den Betrag auf mein Konto. Die Kontodaten sind Ihnen aufgrund von vorherigen Bestellungen bekannt.

Mit freundlichem Gruß

Cornelia Wagner

Cornelia Wagner

Arbeitsaufträge:

1. Prüfen Sie im ersten Schritt, ob sich die Ulmer Büromöbel AG überhaupt in Lieferungsverzug befindet.

Voraussetzungen	ja	nein	Begründung
Ist die Lieferung fällig?			
Musste gemahnt werden?			
Liegt ein Verschulden vor?			

Antwortsatz:

___

___

2. Nennen Sie die Rechte, die im Rahmen des Lieferungsverzugs geltend gemacht werden können. Nutzen Sie hierzu das folgende Strukturbild.

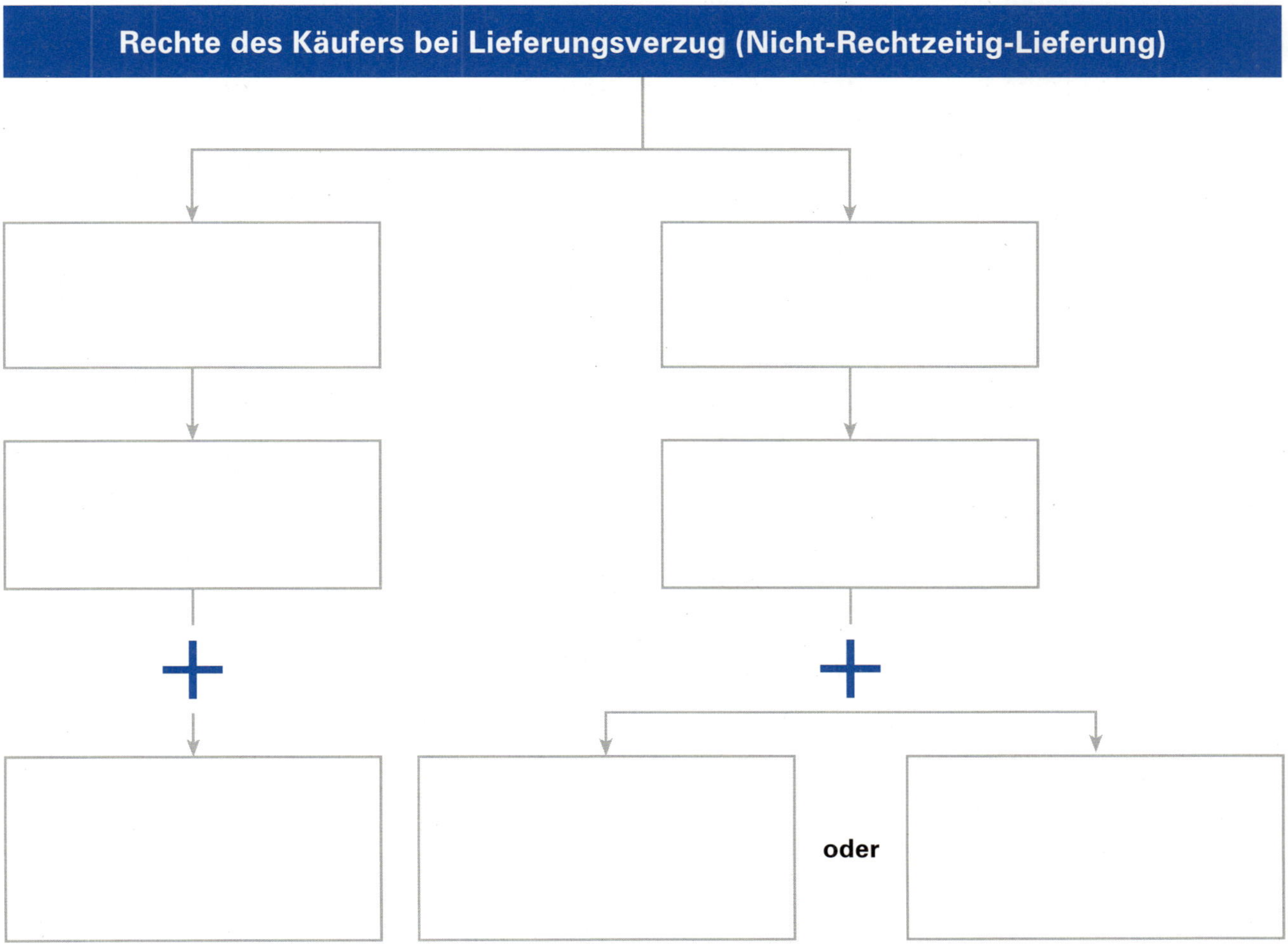

13 Martin u.a. - ISBN 978-3-8120-1453-3

3. Prüfen Sie, ob Frau Wagner die geforderten Rechte zustehen.

4. Nehmen Sie an, im Kaufvertrag zwischen Frau Wagner und der Ulmer Büromöbel AG wäre folgende Vereinbarung getroffen worden: „Lieferung ab 25.04.20..“. Beurteilen Sie, ob sich die Ulmer Büromöbel AG in diesem Fall ebenfalls in Lieferungsverzug befände.

11 Zahlungsverzug (Nicht-Rechtzeitig-Zahlung) und Mahnverfahren

Schulbuch Kap. 3.4.4

Situation:

Jens Berghaus aus Heidelberg bestellt bei der Ulmer Büromöbel AG am 01. 05. 20.. diverse Büromöbel zum Preis von insgesamt 2 500,00 EUR. Gemäß Kaufvertrag sind die Büromöbel am 14. 05. 20.. zu liefern. Als Zahlungstermin wurde der 30. 05. 20.. vereinbart. Am 02. 06. 20.. stellt Frau Huber, Mitarbeiterin der Buchhaltung bei der Ulmer Büromöbel AG, fest, dass Herr Berghaus die Rechnung noch nicht beglichen hat. Durch Rücksprache mit Frau Buck, einer Mitarbeiterin der Lagerabteilung, erfährt Frau Huber, dass die Büromöbel am 14. 05. 20.. ordnungsgemäß geliefert wurden. Die Rechnung lag der Lieferung bei. Frau Huber ist verstimmt: „Immer Ärger mit den Kunden!"

Ulmer Büromöbel AG

Arbeitsaufträge:

1. Prüfen Sie im ersten Schritt, ob sich Herr Berghaus in Zahlungsverzug befindet.

Voraussetzungen	ja	nein	Begründung
Ist der Zahlungstermin überschritten?			
Musste gemahnt werden?			

2. Tragen Sie die Rechte, die allgemein im Rahmen der Nicht-Rechtzeitig-Zahlung vom Verkäufer geltend gemacht werden können, in die folgende Strukturvorlage ein.

Rechte des Verkäufers bei Nicht-Rechtzeitig-Zahlung (Zahlungsverzug)

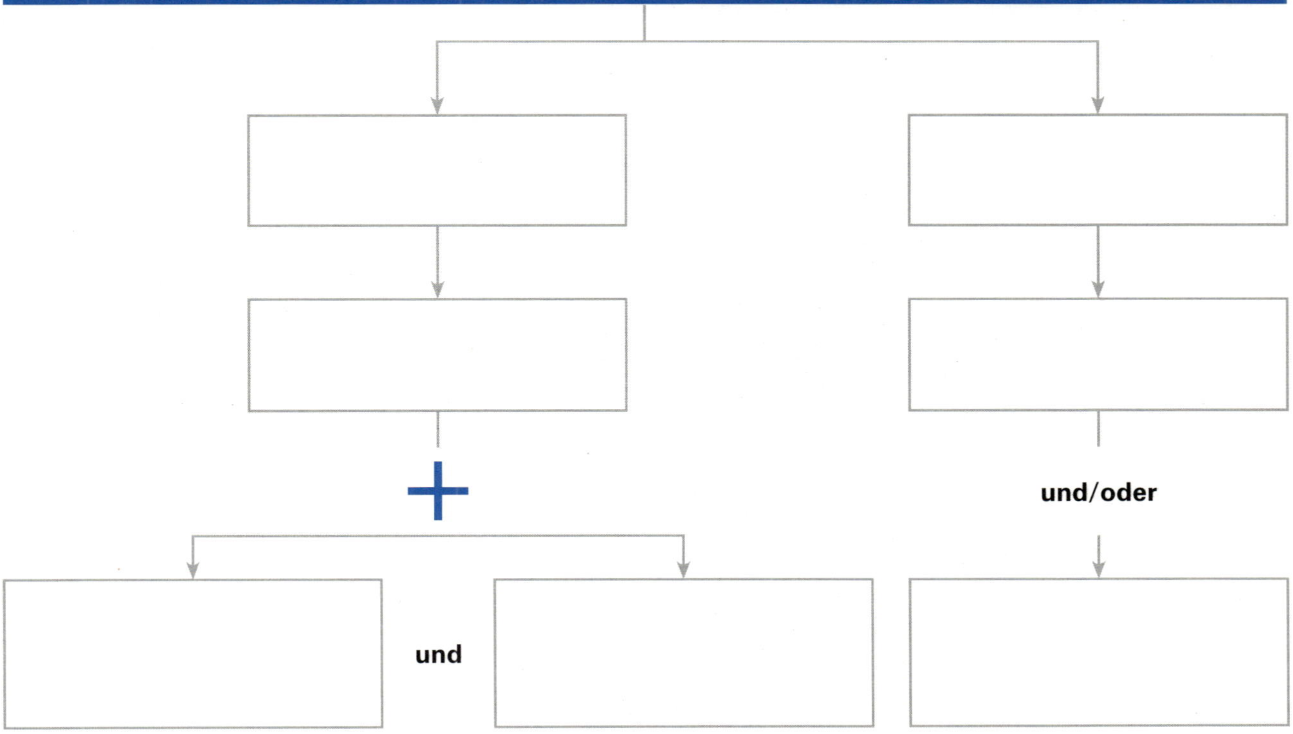

3. Erläutern Sie, welches Recht die Ulmer Büromöbel AG unter folgenden Annahmen wahrnehmen sollte:

   - Herr Berghaus hat die von der Ulmer Büromöbel AG gesetzte Nachfrist verstreichen lassen.
   - Die Büromöbel sind unbeschädigt und befinden sich noch in der Originalverpackung. Sie können aufgrund der hervorragenden Absatzsituation problemlos zum gleichen Preis an einen anderen Kunden verkauft werden.
   - Herr Berghaus befindet sich in großen finanziellen Schwierigkeiten.
   - Herr Berghaus ist ein langjähriger Kunde, den man nicht verlieren möchte.

Recht	

4. Erläutern Sie, welches Recht die Ulmer Büromöbel AG unter folgenden Annahmen wahrnehmen sollte:

   - Herr Berghaus hat die von der Ulmer Büromöbel AG gesetzte Nachfrist verstreichen lassen.
   - Die Büromöbel sind unbeschädigt und befinden sich noch in der Originalverpackung. Sie können jedoch aufgrund der schwierigen Absatzsituation nur zu einem Preis von 2 200,00 EUR verkauft werden.
   - Herr Berghaus befindet sich in großen finanziellen Schwierigkeiten.
   - Herr Berghaus ist ein Kunde, der schon häufiger durch verspätete Zahlungen aufgefallen ist.

Recht	

5. Nehmen Sie an, Herr Berghaus hätte den Rechnungsbetrag in Höhe von 2500,00 EUR am 09.06.20.. beglichen.

Annahmen:

- Die Zahlung hätte laut Kaufvertrag am 30.05.20.. bei der Ulmer Büromöbel AG eingehen müssen.
- Der Basiszinssatz der EZB beträgt aktuell –0,88 % (Stand: 2018).

März

	Mo	Di	Mi	Do	Fr	Sa	So
9						1	2
10	3	4	5	6	7	8	9
11	10	11	12	13	14	15	16
12	17	18	19	20	21	22	23
13	24	25	26	27	28	29	30
14	31						

April

	Mo	Di	Mi	Do	Fr	Sa	So
14		1	2	3	4	5	6
15	7	8	9	10	11	12	13
16	14	15	16	17	18	19	20
17	21	22	23	24	25	26	27
18	28	29	30				

Mai

	Mo	Di	Mi	Do	Fr	Sa	So
18				1	2	3	4
19	5	6	7	8	9	10	11
20	12	13	14	15	16	17	18
21	19	20	21	22	23	24	25
22	26	27	28	29	30	31	

Juni

	Mo	Di	Mi	Do	Fr	Sa	So
22							1
23	2	3	4	5	6	7	8
24	9	10	11	12	13	14	15
25	16	17	18	19	20	21	22
26	23	24	25	26	27	28	29
27	30						

5.1 Erläutern Sie, wie die Höhe des hier anzuwendenden Zinssatzes ermittelt wird.

Hinweis: Beachten Sie die gesetzlichen Bestimmungen des BGB.

5.2 Berechnen Sie die Verzugszinsen, die die Ulmer Büromöbel AG Herrn Berghaus nachträglich in Rechnung stellen kann.

Verzugszinsen

6. Nehmen Sie an, die Ulmer Büromöbel AG möchte Herrn Berghaus unverzüglich in Zahlungsverzug setzen. Verfassen Sie ein entsprechendes Schreiben.

Hinweis: Nutzen Sie hierfür die nachfolgende Vorlage (Material 1).

Adresse: Jens Berghaus,
Tübinger Straße 15,
69188 Heidelberg.

Material 1: Geschäftsbrief der Ulmer Büromöbel AG

Ulmer Büromöbel AG

Ulmer Büromöbel AG · Industriepark 5 · 89073 Ulm

Ihr Zeichen:	______________
Ihre Nachricht vom:	______________
Unser Zeichen:	______________
Unsere Nachricht vom:	______________
Name:	______________
Telefon:	______________
Telefax:	______________
E-Mail:	______________
Datum:	______________

____

Sehr geehrter Herr ____________________,

____

____

____

____

____

____

____

____

____

____

____

____

____

____

____

____

Ulmer Büromöbel AG
Industriepark 5, 89073 Ulm
Registergericht Ulm HRB 84759
USt-ID Nr. DE 68 837 465
Vorstand: Robert Heim (Vorsitzender), Achim Abt, Kathrin Sapel
Vorsitzende des Aufsichtsrats: Sarah Kern

Bankverbindungen:
Commerzbank Ulm
IBAN: DE85 6304 0053 0041 4400 18 BIC: COBADEFFXXX
Sparkasse Ulm
IBAN: DE61 6305 0000 0041 4500 75 BIC: SOLADES1ULM

7. Erläutern Sie, welche Möglichkeiten die Ulmer Büromöbel AG hat, wenn Herr Berghaus auch nach der dritten Mahnung noch nicht gezahlt hat.

8. Nennen Sie das zuständige Amtsgericht, bei dem die Ulmer Büromöbel AG den gerichtlichen Mahnbescheid beantragen muss.

LEHRPLANEINHEIT 4: BETRIEBSWIRTSCHAFTLICHE GRUNDLAGEN DES HANDELNS PRIVATER UNTERNEHMEN

Schulbuch Kap. 4.1

1 Die Ulmer Büromöbel AG im gesamtwirtschaftlichen Umfeld

Situation:

Die Ulmer Büromöbel AG erhält von der Bauer GmbH in Böblingen eine Anfrage über die Lieferung von 200 Schreibtischen. Die Schreibtische sollen nach speziellen Kundenwünschen gefertigt werden. Die Ulmer Büromöbel AG prüft die technische und wirtschaftliche Machbarkeit und unterbreitet der Bauer GmbH ein entsprechendes Angebot. Nach kurzer Überlegung gibt die Bauer GmbH die Bestellung auf. Nun kann der Auftrag bearbeitet werden.

Ulmer Büromöbel AG

Arbeitsaufträge:

1. Die Ulmer Büromöbel AG ist auf verschiedenen Märkten tätig und dort mit anderen Unternehmen auf vielfältige Weise verbunden. Darüber hinaus haben auch staatliche Entscheidungen großen Einfluss auf die wirtschaftliche Lage der Ulmer Büromöbel AG. Veranschaulichen Sie diesen Sachverhalt, indem Sie das Schaubild auf S. 106 (Material 1) ergänzen.

2. Ordnen Sie die unter Material 2 aufgeführten Unternehmen in einer sinnvollen Reihenfolge an und machen Sie deutlich, welche Beziehung (hier: Unternehmen X liefert _______ an Unternehmen Y) zwischen den Unternehmen besteht.

3. Im Wirtschaftsleben finden sich viele verschiedene Betriebe, die unterschiedliche Aufgaben wahrnehmen. Gliedern Sie die in der Tabelle (Material 3) aufgelisteten Betriebe hinsichtlich der folgenden Merkmale:

   - nach dem Wirtschaftsbereich,
   - nach dem Sachziel,
   - nach der Bezeichnung.

4. Die Grundfunktionen eines jeden Unternehmens sind die Beschaffung, die Leistungserstellung und der Absatz. Das Rechnungswesen, das Finanzwesen und das Personalwesen zählen zu den sogenannten Unterstützungsfunktionen.

   Ordnen Sie den folgenden Tätigkeiten den jeweiligen Funktionsbereich zu.

1	Herr Bregenz arbeitet an einer Sägemaschine und schneidet dort Holzplatten für die Schreibtische zu.	
2	Frau Feller prüft eingehende Rechnungen und überweist die fälligen Rechnungsbeträge an die Lieferanten.	
3	Herr Sokratis ist für die Einlagerung der angelieferten Materialilen zuständig, die für die Produktion der Büromöbel benötigt werden.	
4	Herr Simon besucht als Außendienstmitarbeiter die Kunden der Ulmer Büromöbel AG und stellt den Kunden neue Produkte vor.	
5	Frau Klemm ist an der Planung einer Werbekampagne beteiligt, die einen neuen Bürostuhl auf dem Markt bekannt machen soll.	
6	Herr Peters erstellt den Arbeitsplan für den neuen Büroschrank. Er enthält Informationen, wie der Büroschrank gefertigt werden soll.	
7	Herr Schwan ist dafür zuständig, die von Kunden bestellten Büromöbel transportsicher zu verpacken und bereitzustellen.	
8	Herr Krohm ist für die Qualifizierung der Mitarbeiter zuständig und beschäftigt sich u. a. mit der Planung der Weiterbildungsseminare.	
9	Frau Bender ist für die Beschaffung der Materialien zuständig, die für die Produktion der Bürostühle benötigt werden.	
10	Frau Wagner ermittelt im Rahmen der Bedarfsplanung, wie viele Mitarbeiter die Ulmer Büromöbel AG im nächsten Geschäftsjahr benötigt.	
11	Die Ulmer Büromöbel AG benötigt eine neue Lagerhalle im Wert von 2 000 000,00 EUR. Die Hälfte der Summe soll über einen Kredit bei der Hausbank finanziert werden.	
12	Frau Schwenke ist bei der Ulmer Büromöbel AG dafür zuständig zu überwachen, ob die Kunden die fälligen Rechnungen begleichen.	

14 Martin u.a. - ISBN 978-3-8120-1453-3

Material 1: Die Ulmer Büromöbel AG im gesamtwirtschaftlichen Zusammenhang

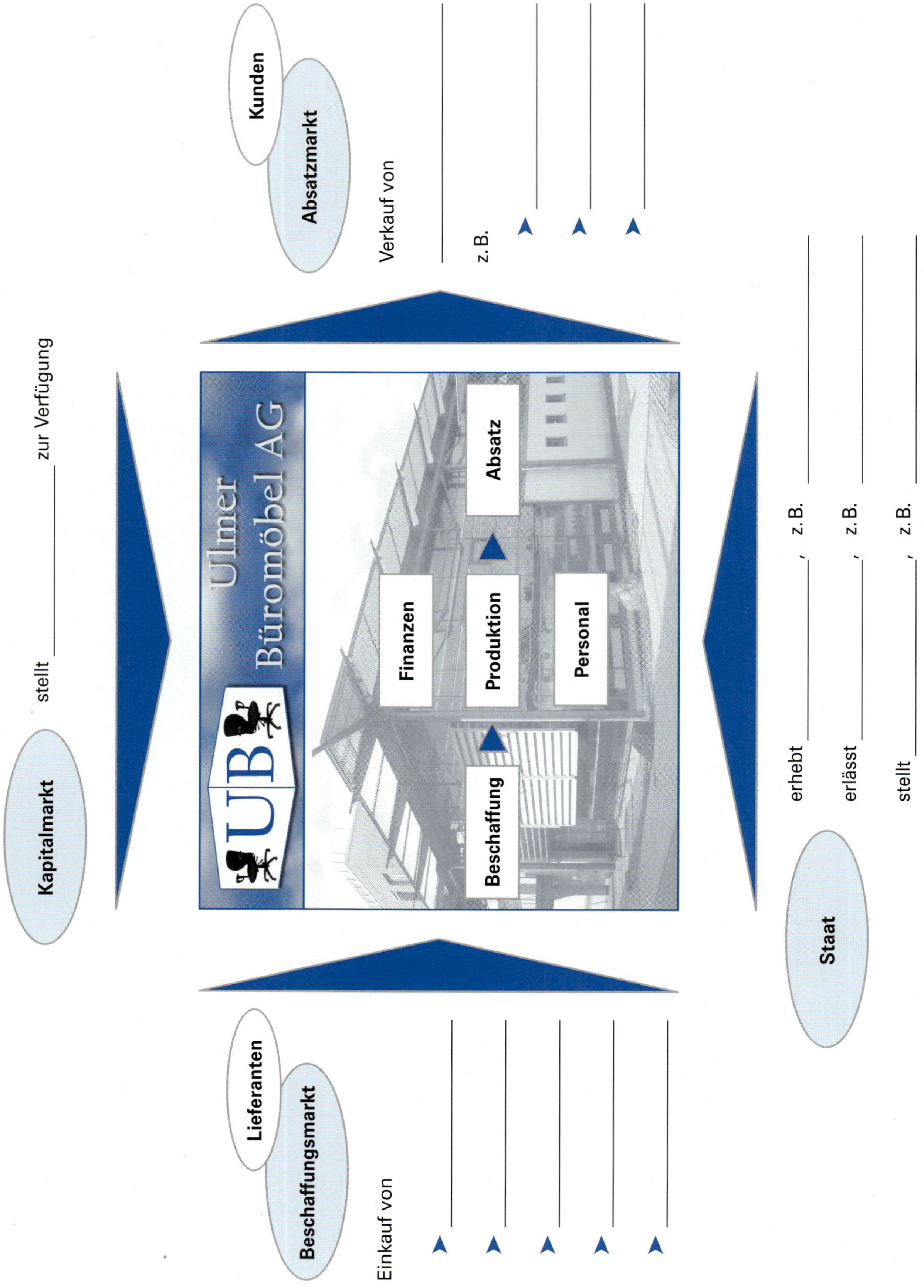

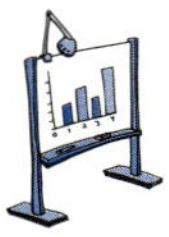

Material 2: Beziehungen zwischen den Unternehmen

Unternehmen

liefert ______________________ an

Unternehmen

liefert ______________________ an

Unternehmen

liefert ______________________ an

Unternehmen

liefert ______________________ an

Unternehmen

liefert ______________________ an

Unternehmen

Welche Beziehungen bestehen zwischen den Unternehmen?

Unternehmen

Ulmer Büromöbel AG
Möbelhaus Kamp OHG
Holzfabrik Krug KG
Sägewerk Richter KG
Forstwirtschaft Brag GmbH
Adidas AG

liefert ______________________ an

Büromöbel
Holzbretter
Holzplatten
Baumstämme
Büromöbel

Am Ende der Wertschöpfungskette müssen die nicht mehr benötigten Büromöbel sach- und fachgerecht ________________ werden.

Material 3: Arten von Unternehmen

	Unternehmen	Gliederung nach		
		dem Wirtschaftsbereich	dem Sachziel	der Bezeichnung
1	Ulmer Büromöbel AG			
2	Aldi GmbH & Co. KG			
3	Allianz AG			
4	Dachser Logistik AG			
5	Saturn AG			
6	Deutsche Bahn AG			
7	Commerzbank AG			
8	Rechtsanwälte Müller & Co.			
9	Holzfabrik Krug KG			
10	Deutsche Bank AG			

Schulbuch Kap. 4.3.2

2 Angebotsvergleich

Situation:

Manuel Bruder, Leiter des Einkaufs, bittet seine Mitarbeiterin Cornelia Wolf zu sich, um die Lage bezüglich geeigneter Lieferanten für die elektrisch betriebenen Hubsäulen zu besprechen.

UB Ulmer Büromöbel AG

Herr Bruder: Guten Morgen, Frau Wolf. Haben Sie schon einen Lieferanten für die benötigte Antriebstechnik ausgewählt?

Frau Wolf: Guten Morgen, Herr Bruder. Um Ihre Frage zu beantworten, wir sind auf einem guten Weg. Im Rahmen einer intensiven Internetrecherche haben wir drei geeignete Lieferanten ausfindig machen können. Alle drei sind um die Abgabe aussagekräftiger Angebote gebeten worden und wie mir vor einigen Minuten mitgeteilt wurde, sind diese heute Morgen eingetroffen.

Herr Bruder: Das hört sich gut an. Unter diesen Umständen kann ich unserer Geschäftsführung ja noch heute das Ergebnis mitteilen.

Frau Wolf: Ich denke, wir sollten nichts überstürzen. Der Preis ist nicht alles …

Arbeitsaufträge:

1. Nennen Sie Kriterien, die neben dem Preis bei der Entscheidung für einen Lieferanten von Bedeutung sind.

Kriterien bei der Lieferantenauswahl		

2. Unterbreiten Sie mithilfe des Formulars zur Lieferantenauswahl (Material 5) einen begründeten Vorschlag, für welchen Lieferanten Frau Wolf sich bei einer geplanten jährlichen **Bestellmenge von 4420 Stück** entscheiden sollte. Gehen Sie dabei wie folgt vor.

   2.1 Ermitteln Sie zunächst anhand der vorliegenden Angebote (Material 1–3) den jeweiligen Bezugspreis für die gesamte Bestellmenge unter der Voraussetzung, dass Skonto ausgenutzt wird.

   2.2 Vergleichen Sie danach die Lieferanten hinsichtlich aller relevanten Kriterien. Nutzen Sie hierfür die vorliegende Lieferantenrecherche (Material 4).

3. Nehmen Sie an, die ermittelten Bezugspreise übersteigen die einkalkulierten Kosten für die Antriebstechnik. Nennen Sie Gegenmaßnahmen, die die Ulmer Büromöbel AG ergreifen kann.

➤ ______________________________

➤ ______________________________

➤ ______________________________

➤ ______________________________

4. Nehmen Sie an, die Ulmer Büromöbel AG hätte sich entschieden, die Antriebstechnik bei einem der drei Lieferanten zu den im Angebot aufgeführten Konditionen zu beziehen. Begründen Sie, wie nun der Kaufvertrag zwischen der Ulmer Büromöbel AG und dem Lieferanten zustande kommen würde.

5. Nehmen Sie an, die Ulmer Büromöbel AG hätte bei der Wareneingangskontrolle festgestellt, dass ein Drittel der gelieferten Antriebstechnik nicht einwandfrei funktioniert.

5.1 Nennen Sie die Mängelart, um die es sich im Hinblick auf die Sache handelt.

5.2 Erläutern Sie, welche vorrangigen Rechte der Ulmer Büromöbel AG nun zur Verfügung stehen.

6. Die Globalisierung der Märkte hat dazu geführt, dass die benötigten Materialien nicht selten im weit entfernten Ausland eingekauft werden. Man spricht hier auch vom sogenannten Global Sourcing als Alternative zum Local Sourcing (Beschaffungsstrategien im Hinblick auf die geografische Nähe der Lieferanten).

6.1 Nennen Sie Risiken, die mit dieser Vorgehensweise verbunden sind.

-
-
-
-
-

6.2 Nennen Sie Gründe, warum dennoch im Ausland eingekauft wird.

-
-
-
-

Material 1: Angebot LINUK GmbH

Linuk GmbH
- improve your life -

linuk

Linuk GmbH · Finkenweg 7-14 · 78048 Villingen

Ulmer Büromöbel AG
Industriepark 5
89073 Ulm

Kundennummer:	4955
Ihr Zeichen:	wo
Ihre Nachricht vom:	20.02.20..
Ihr Ansprechpartner:	Jürgen Geiger
Telefon:	07721 623-75
E-Mail:	juergen.geiger@linuk.de
Datum:	24.02.20..

Angebot DESKLIFT DL3

Sehr geehrte Frau Wolf,

für Ihr Interesse an unseren Antriebssystemen für Möbel danken wir Ihnen und bieten Ihnen die gewünschte Hubsäule zu folgenden Konditionen an:

Hubsäule DESKLIFT DL3
mit integriertem Elektromotor
Bestellnummer: 223 459

Listenverkaufspreis (netto): 154,80 € je Stück inkl. Verpackung zzgl. 19 % USt.

Ab 4 000 Stück gewähren wir einen Mengenrabatt von 10 %. Die Lieferung erfolgt ab Werk. Die Transportkosten betragen 800,00 €. Die Lieferzeit beträgt 7 Tage nach Auftragseingang.

Sie haben die Möglichkeit, unsere Rechnungen innerhalb von 14 Tagen nach Rechnungsdatum mit 2 % Skonto oder 30 Tage netto Kasse zu begleichen.

Gern erwarten wir Ihre Bestellung, die wir sorgfältig ausführen werden.

Mit freundlichen Grüßen

LINUK GmbH

i. A. *Jürgen Geiger*

Jürgen Geiger

EMAS
GEPRÜFTES UMWELTMANAGEMENT

Geschäftsführer: Rotraut Schrutka, Mannfred Georgi
Sitz der Gesellschaft: Villingen
Handelsregister: Amtsgericht Villingen HRB 3326
Kommunikation: Telefon: 07721 623-0, Telefax: 07721 623-1, E-Mail: mail@linuk.de
Bankverbindungen: Sparkasse Schwarzwald-Baar, IBAN: DE56 6945 0065 5478 3484 20, BIC: SOLADES1VSS
Finanzamt Villingen Steuernummer: 34886324551, USt-ID-Nummer: DE572446932

Material 2: Angebot Welle GmbH

Welle GmbH · Heilbronn

Welle GmbH · Lutherplatz 21 · 74389 Heilbronn

Ulmer Büromöbel AG
Industriepark 5
89073 Ulm

Ihr Zeichen, Ihre Nachricht von	Unser Zeichen, unsere Nachricht vom	Telefon 07721 623-	Datum
wo, 20.02.20..	pe	53, M. Perscher	25. Februar 20..

Angebot AUTODESK AD4

Sehr geehrte Frau Wolf,

Sie interessieren sich für Antriebstechnik bei höhenverstellbaren Sitz-/Steharbeitsplätzen?
Wir bieten Ihnen:

Hubsäule AUTODESK AD4
mit integriertem Elektromotor
Bestell-Nr.: 33456

Listenverkaufspreis (netto): 159,25 € je Stück inkl. Verpackung zzgl. 19 % USt.

Ab 3 500 Stück gewähren wir einen Mengenrabatt von 12 %. Die Lieferung erfolgt ab Werk. Gerne organisieren wir für Sie auch den Transport über unseren Hausspediteur. Die Kosten hierfür betragen 0,10 € je Stück. Die Lieferzeit beträgt 14 Tage nach Auftragseingang. Unsere Rechnungen sind innerhalb von 14 Tagen nach Rechnungsdatum mit 3 % Skonto oder 30 Tage netto Kasse zu begleichen.

Wir würden uns freuen, Sie als neuen Kunden begrüßen zu dürfen.

Mit freundlichen Grüßen

Welle GmbH

i. A. *Monika Perscher*

Monika Perscher

Geschäftsführer: Regina Esslinger, Andreas Hoffmann
Sitz der Gesellschaft: Heilbronn
Handelsregister: Amtsgericht Heilbronn HRB 2573
Finanzamt HN Steuernummer: 72556328935, USt-ID-Nummer: DE811127386
Bankverbindungen: Kreissparkasse Heilbronn, IBAN: DE22 6205 0000 1488 3584 20, BIC: HEISDE66XXX; Volksbank Heilbronn, IBAN: DE40 6209 0100 9239 9846 00, BIC: GENODES1VHN
Kommunikation: Telefon: 07131 8200-0, Telefax: 07131 8200-1, E-Mail: info@welle.de

Material 3: Angebot Brauer Möbeltechnik KG

Brauer Möbeltechnik KG
die Verbindung von Tradition und Moderne

EMAS
GEPRÜFTES UMWELTMANAGEMENT

Brauer Möbeltechnik KG ◆ Humboldtallee 23–25 ◆ 07745 Jena

Ulmer Büromöbel AG
Industriepark 5
89073 Ulm

Ihr Zeichen:	wo
Ihre Nachricht vom:	20.02.20..
Unser Zeichen:	pe
Unsere Nachricht vom:	
Name:	Pauline Peters
Telefon:	03641 879–16
Telefax:	03641 879-26
E-Mail:	p.peters@brauer-mt.de
Datum:	24.02.20..

Angebot Antriebstechnik für höhenverstellbare Sitz-/Steharbeitsplätze

Sehr geehrte Frau Wolf,

wir bedanken uns für Ihr Schreiben vom 20.02.20.. und freuen uns, Ihnen einen entsprechenden Artikel anbieten zu können.

Hubsäule mit integriertem Elektromotor
für höhenverstellbare Sitz-/Steharbeitsplätze
(Bestell-Nr.: 102-858-94)

Wir liefern zu folgenden Konditonen:

Listenverkaufspreis:	159,00 EUR je Stück (netto) inkl. Verpackung zzgl. 19 % USt; ab 2000 Stück 5 % Rabatt, ab 4000 Stück 10 % Rabatt; Lieferung ab Werk
Lieferzeit:	14 Tage
Zahlungsbedingungen:	Zahlung innerhalb von 14 Tagen nach Rechnungsdatum mit 3 % Skonto oder 30 Tage netto Kasse

Auf Wunsch organisieren wir auch den Transport für Sie. Hierfür würden Kosten in Höhe von 0,20 EUR je Stück anfallen.

Mit freundlichem Gruß

Brauer Möbeltechnik KG

i. A. *Pauline Peters*

Pauline Peters

Geschäftsführer: Klaus Brauer
Sitz der Gesellschaft: Jena
Handelsregister: Amtsgericht Jena HRA 4834
Kommunikation: Telefon: 03641 879-0 Telefax: 03641 879-1 E-Mail: info@brauer-möbeltechnik.de
Bankverbindungen: Sparkasse Jena IBAN: DE13830530300435572861 BIC: HELADEF1JEN
Finanzamt Jena: Steuernummer: 87679943122 USt-Id-Nummer: DE386d113732

Material 4: Interne Mitteilung

Interne Mitteilung

Ulmer Büromöbel AG

an: Cornelia Wolf (Einkauf)
von: Karl Meier

Abteilung: Einkauf
Datum: 26.02.20..
Zeichen: me

Recherche LINUK GmbH / Welle GmbH / Brauer Möbeltechnik KG

Gemäß dem von Ihnen erhaltenen Auftrag, habe ich über die drei infrage kommenden Lieferanten für Antriebstechnik entsprechende Nachforschungen angestellt.

LINUK GmbH

Das Unternehmen ist seit 6 Jahren auf dem Sektor für Möbelantriebstechnik etabliert. Es genießt bei seinen Kunden einen ausgezeichneten Ruf, was die Qualität der Antriebstechnik angeht. Die Zertifizierung nach DIN ISO 9000 ist ein weiteres Indiz für die hohe Qualität, die der Lieferant bietet. Im Umgang mit Reklamationen soll sich die LINUK GmbH laut Kundenaussagen angemessen verhalten. Hinsichtlich etwaiger Sonderwünsche (kurzfristige Lieferungen, technische Änderungen, Farbauswahl etc.) zeigt sich die LINUK GmbH sehr flexibel. Zugesagte Liefertermine werden immer eingehalten. Der Umweltschutz wird bei der Linuk GmbH ernst genommen. Man achtet nicht nur auf die Einhaltung der gesetzlichen Bestimmungen, sondern hat darüber hinaus erfolgreich an EMAS teilgenommen. So werden laut Umwelterklärung, beispielsweise nur Lacke verwendet, die mit dem Blauen Engel ausgezeichnet wurden. Darüber hinaus verwendet man laut Umwelterklärung so weit wie möglich recyclingfähige Materialien. Die Lieferzeiten sind mit 7 Tagen sehr kurz.

Welle GmbH

Die Welle GmbH gilt als Marktführer der Branche. Durch das enorm hohe Auftragsvolumen, das das Unternehmen zu bewältigen hat, sind jedoch im Einzelfall beschädigte Produkte beim Kunden angeliefert worden, was auf eine eher „großzügig" ausgefallene Endkontrolle zurückzuführen war. In puncto Qualität muss man also kleinere Abstriche machen. Allerdings ist diesem Anbieter zu attestieren, dass er sich bei Reklamationen außergewöhnlich kulant zeigt und diese stets in allerkürzester Zeit abwickelt. Sonderwünsche (kurzfristige Lieferungen, technische Änderungen, Farbauswahl etc.) werden bei der Welle GmbH erst ab einem Auftragsvolumen von 800 000,00 € berücksichtigt. Soweit ich in Erfahrung bringen konnte, hat der Umweltschutz bei der Welle GmbH eine sehr untergeordnete Bedeutung. Man beschränkt sich einzig und allein darauf, die gesetzlichen Bestimmungen einzuhalten. Die von dem Unternehmen benannten Lieferzeiten werden generell eingehalten. Die Lieferzeiten betragen in der Regel 14 Tage.

Brauer Möbeltechnik KG

Die Brauer KG ist bei ihren Kunden hoch angesehen. Insbesondere die Zuverlässigkeit, mit der der Anbieter qualitativ einwandfreie Ware liefert, wird von jedem ihrer Kunden besonders hervorgehoben. Die Reklamationsabwicklung lässt ein wenig zu wünschen übrig. Sonderwünsche (kurzfristige Lieferungen, technische Änderungen, Farbauswahl) werden nur teilweise berücksichtigt. In puncto Umweltschutz verhält man sich vorbildlich. Seit 1999 lässt man sich regelmäßig gemäß Öko-Audit zertifizieren. In diesem Zusammenhang hat sich das Unternehmen entschlossen, den Transport überwiegend per Bahn durchzuführen. Dieses lobenswerte Ansinnen führt jedoch nicht selten zu Verzögerungen der Liefertermine, da bei der Bahn zunächst ein gewisses Kontingent erreicht werden muss, um einen Waggon zu füllen. Die Lieferzeiten betragen 21 Tage.

Mit freundlichem Gruß

Karl Meier

Material 5: Formular zur Lieferantenauswahl

Ulmer Büromöbel AG

Art.: Antriebstechnik Sitz-/Steharbeitsplatz — **Teile-Nr. 480 112 / Bestellmenge: 4 420 Einheiten**

I. Einfaktorenvergleich (Bezugspreiskalkulation)

	LINUK GmbH	Welle GmbH	Brauer KG
Listeneinkaufspreis netto für 4 420 Stück – Rabatt			
= Zieleinkaufspreis – Skonto			
= Bareinkaufspreis + Bezugskosten (Transport/Verpackung/Zoll)			
= Bezugspreis (Einstandspreis)			

Ergebnis	

II. Mehrfaktorenvergleich (Scoring-Modell)

Hinweise zur Durchführung des Punktwertverfahrens

1. Bei der Gewichtung erhält das wichtigste Kriterium die höchste Gewichtung. Die Gesamtpunktzahl muss immer 1,00 ergeben.
2. Beurteilen Sie durch Vergabe von jeweils 0–4 Punkten, inwieweit die Lieferanten den Anforderungen gerecht werden!
   0 = mangelhaft
   1 = ausreichend
   2 = befriedigend
   3 = gut
   4 = sehr gut
3. Gewichten Sie Ihre Beurteilung (Gewichtungsziffer multipliziert mit der Beurteilungspunktzahl) und addieren Sie die Punktzahlen der einzelnen Kriterien zu einer Gesamtpunktzahl!

Anforderungen an den Lieferanten	Gewichtung der Anforderungen	Diesen Anforderungen entspricht die					
		LINUK GmbH		Welle GmbH		Brauer KG	
		Punkte	gewichtete Punkte	Punkte	gewichtete Punkte	Punkte	gewichtete Punkte
Bezugspreis (s. o.)							
Zuverlässigkeit (Qualität)							
Reklamationsabwicklung							
Sonderwünsche							
Liefertermintreue							
Umweltschutz							
Lieferzeit							
Summe		**Punkte**		**Punkte**		**Punkte**	

Ergebnis	

III. Begründeter Vorschlag für die Entscheidung

15 Martin u.a. - ISBN 978-3-8120-1453-3

Schulbuch Kap. 4.3.3

3 Optimale Bestellmenge

Situation:

Am Dienstagnachmittag ruft Manuel Bruder, Leiter des Einkaufs, seine beiden Mitarbeiter Cornelia Wolf und Holger Müller zu einer Lagebesprechung zusammen, um bestehende Probleme zu diskutieren.

Ulmer Büromöbel AG

Herr Bruder: Leider muss ich Ihnen mitteilen, dass unsere derzeitige Auftragslage keinen Anlass zur Freude bietet. Dies ist insbesondere darauf zurückzuführen, dass unsere Konkurrenten mit massiven Preissenkungen versuchen, verloren gegangene Marktanteile zurückzuerobern. Das können wir nicht zulassen, vielmehr müssen auch wir über mögliche Preissenkungen nachdenken. Preissenkungen sind jedoch nur möglich, wenn es uns gelingt, Kosten einzusparen.

Frau Wolf: Meiner Meinung nach muss unser besonderes Interesse dabei den innerbetrieblichen Abläufen gelten.

Herr Bruder: Sehr richtig, Frau Wolf. Denken Sie da an etwas Bestimmtes?

Frau Wolf: Nun, wir sollten vor allem unsere Bestellpolitik überprüfen. Nehmen wir z. B. den Metalllack, den wir für die Lackierung unserer Erzeugnisse benötigen. Derzeit bestellen wir dreißigmal im Jahr jeweils 300 l. Bei jeder Bestellung fallen Kosten an, die völlig unabhängig von der bestellten Menge sind. So muss z. B. der Mitarbeiter bezahlt werden und außerdem verursachen Papier, Porto, Telefon etc. weitere Kosten.

Herr Bruder: Was schlagen Sie also vor, Frau Wolf?

Frau Wolf: Wenn wir z. B. stattdessen nur fünfmal im Jahr bestellen würden, könnten erhebliche Kosten eingespart werden.

Herr Bruder: Eine gute Idee, Frau Wolf.

Herr Müller: Entschuldigen Sie, Herr Bruder, da bin ich anderer Meinung. Bedenken Sie, dass bei nur fünf Bestellungen pro Jahr jeweils 1 800 l Metalllack geliefert würden. Wo sollen wir den denn lagern? Denken Sie auch an die zusätzlichen Lagerkosten, die durch die Lagerung einer größeren Menge anfallen.

Herr Bruder: Da haben Sie auch wieder recht. Am besten wir vergessen das Ganze.

Herr Müller: Nun, ich glaube, ich habe da eine Idee ...

Arbeitsaufträge:

1. Ermitteln Sie anhand der Informationen von Material 2 die optimale Bestellmenge für den Metalllack mithilfe

   1.1 der Entscheidungstabelle (Material 1).

   1.2 der Andlerschen Berechnungsformel:

$$\sqrt{\frac{200 \cdot \text{Jahresbedarf} \cdot \text{Fixe Bestellkosten je Bestellung}}{\text{Einstandspreis je Einheit} \cdot \text{Lagerhaltungskostensatz}^{1}}}$$

1 Den Lagerhaltungskostensatz erhält man, wenn man die Lagerhaltungskosten ins Verhältnis zum durchschnittlichen Lagerbestand in EUR setzt. Er ist generell ein Prozentsatz (z. B. 15 %). Im Rahmen der Andlerschen Berechnungsformel verwendet man jedoch nur ganze Zahlen (z. B. 15).

Material 1: Entscheidungstabelle

Anzahl der Bestellungen	Bestellmenge in l	Fixe Bestellkosten pro Bestellung in EUR	Fixe Bestellkosten (gesamt) in EUR	Durchschnittlicher Lagerbestand in l	Durchschnittlicher Lagerbestand in EUR	Lagerhaltungskosten in EUR	Gesamtkosten der Bestellmenge in EUR
30							
25							
20							
15							
10							
5							
1							

Die optimale Bestellmenge laut Entscheidungstabelle liegt bei ____________ !

Material 2: Interne Mitteilung

Interne Mitteilung

UB Ulmer Büromöbel AG

an: Cornelia Wolf (Einkauf)
von: Kai Meise

Abteilung: Einkauf
Datum: 26.04.20..
Zeichen: me

Informationen zum Hilfsstoff Metalllack

Jahresbedarf:	9000 l
Einstandspreis (Bezugspreis) je l:	10,60 EUR (Mengenrabatte werden nicht gewährt, Lieferung frei Haus, d.h., Transportkosten trägt der Lieferant)
Fixe Bestellkosten pro Bestellung:	90,00 EUR
Lagerhaltungskostensatz:	20 %
Mindestbestand:	50 l

Mit freundlichen Grüßen

Kai Meise

2. Nennen Sie drei Gründe, die ein Unternehmen veranlassen können, von der berechneten optimalen Bestellmenge abzuweichen.

Gründe, von der optimalen Bestellmenge abzuweichen	

Schulbuch Kap. 4.3.4

4 Bestandsoptimierung auf Basis von Lagerkennzahlen

Situation:

Am Morgen des 19.02.20.. bittet der Lagerleiter Philipp Uhl seinen Mitarbeiter Anton König zu sich, um die aktuelle Lage zu besprechen.

Herr Uhl: Guten Morgen, Herr König. Wie Sie wissen, hat die Huber GmbH 200 unserer Standardschreibtische bestellt. Liefertermin ist der 1. April. Da wir etwa 14 Tage für die Herstellung brauchen, soll die Produktion am 16. März beginnen. Haben wir denn genügend Material auf Lager?

Herr König: Da müsste ich mal nachsehen. Die Arbeitsplatten und einige Kleinteile müssten eigentlich auf Lager liegen. Bei den anderen Teilen bin ich mir nicht sicher.

Herr Uhl: Sie sind gut, Herr König. Viel Zeit bleibt uns nicht mehr. Machen Sie sich bitte an die Arbeit. Ich möchte so schnell wie möglich die exakten Zahlen haben.

Arbeitsaufträge:

1. Nennen Sie die Auswirkungen, die es hat, wenn am 16. März die benötigten Materialien nicht zur Verfügung stehen.

____

____

____

____

2. Die Ulmer Büromöbel AG unterhält ein großes Werkstofflager, in dem insbesondere Roh-, Hilfs- und Betriebsstoffe gelagert werden.

2.1 Führen Sie an, welche Kosten damit verbunden sind.

____

____

____

____

2.2 Erläutern Sie, welche Vor- und Nachteile mit hohen Lagerbeständen verbunden sind.

Vorteile	
Nachteile	

Bei geringen Lagerbeständen kehren sich die Vor- und Nachteile um.

3. Prüfen Sie anhand des Auszugs aus der folgenden Lagerdatei, ob genügend Arbeitsplatten auf Lager liegen, um am 16. März mit der Produktion beginnen zu können. Berücksichtigen Sie, dass der Mindestbestand nicht angegriffen werden darf.

Auszug aus der Lagerdatei vom 19.02.20..:

Material	**Arbeitsplatte**
Teilenummer	4120
Lagerplatz-Nr.	3024
Aktueller Lieferant	Gede GmbH
Lieferzeit	7 Tage
Aktueller Bezugspreis	90,00 EUR je Stück
Reservierter Bestand	40 Stück
Mindestbestand	50 Stück

Datum	Beleg	Zugang	Abgang	Bestand	Bestellung
15.01.	ME 20120		50	340	
25.01.	ME 20127		40	300	150
01.02.	BE 15247	150		450	
05.02.	ME 20133		60	390	
15.02.	ME 20150		40	350	
19.02.	ME 20165		30	320	150

ME = Materialentnahme BE = Bestellung

Ergebnis der Prüfung:

4. Im Rahmen der Lagerfunktionen unterscheidet man zwischen der Sicherungsfunktion, der Umformungsfunktion, der Mengenausgleichsfunktion und der Spekulationsfunktion. Entscheiden Sie, um welche Lagerfunktion es sich in den vorliegenden Fällen handelt.

Fälle	Lagerfunktion
Um die Produktion jederzeit aufrechterhalten zu können, unterhält die Ulmer Büromöbel AG Sicherheitsbestände, die für drei Tage ausreichen.	
Bevor die aus Baumstämmen geschnittenen Bretter verarbeitet werden können, müssen sie erst austrocknen.	
Da man bei der Ulmer Büromöbel AG aufgrund des unerwarteten Konjunktureinbruchs mit einem Nachfragerückgang rechnet, wird weniger Material eingekauft.	
Da der Einkauf der Ulmer Büromöbel AG zukünftig mit Preissteigerungen bei Türschlössern rechnet, bestellt er höhere Stückzahlen als üblich.	

5. Die Ulmer Büromöbel AG beabsichtigt, dem zunehmenden Wettbewerbsdruck in der Büromöbelbranche unter anderem dadurch zu begegnen, dass die Lagerhaltung im Werkstoffbereich hinsichtlich vorhandener Einsparmöglichkeiten durchleuchtet werden soll. Zu diesem Zweck sollen im Rahmen eines Bestandscontrollings für sämtliche auf Lager liegende Werkstoffe Lagerkennzahlen ermittelt und ausgewertet werden.

   Ermitteln Sie, bezogen auf die Arbeitsplatte (Teilenummer 480 250), die in der nachfolgenden Tabelle aufgeführten Lagerkennzahlen mithilfe der Informationen aus der nachstehenden internen Mitteilung. Tragen Sie das Ergebnis jeweils in das entsprechende Feld ein. Vergleichen Sie anschließend die ermittelten Lagerkennzahlen mit dem jeweiligen Branchendurchschnitt (siehe ebenfalls die interne Mitteilung) und tragen Sie auch das Ergebnis des Vergleichs (zu hoch/zu niedrig) in die nachfolgende Tabelle ein.

Interne Mitteilung:

Interne Mitteilung

UB Ulmer Büromöbel AG

an: Manuel Denzel (Fertigung)
von: Tim Stenger

Abteilung: Fertigung
Datum: 20.02.20..
Zeichen: stg

Informationen Arbeitsplatte (Teilenummer 480 250)

Der Jahresanfangsbestand betrug 19 200,00 EUR, der Jahresendbestand 29 760,00 EUR. Insgesamt wurden Arbeitsplatten im Wert von 133 440,00 EUR verbraucht (= Lagerabgang). Für das durch die Lagerhaltung gebundene Kapital wird mit einem seit vier Jahren konstanten Marktzinssatz von 10 % kalkuliert.

Der Bundesverband der Büromöbelindustrie hat bezüglich der Lagerkennzahlen folgende Zahlen veröffentlicht: In vergleichbaren mittelständischen Unternehmen liegt der Ø Lagerbestand im Werkstoffbereich bei 20 000,00 EUR, die Umschlagshäufigkeit bei 6,5, die Ø Lagerdauer bei 55,38 Tagen, der Lagerzins bei 1,54 %.

Mit freundlichen Grüßen

Tim Stenger

Tabelle:

Kennzahl	Ulmer Büromöbel AG	Branche	Ergebnis des Vergleichs
Ø Lagerbestand in Euro			
Lagerumschlagshäufigkeit			
Ø Lagerdauer			
Lagerzinssatz			

5 Produktpolitik

Schulbuch Kap. 4.4.2

Situation:

Neu auf der Orgatec:

Sitzkultur auf höchstem Niveau – der Bürodrehstuhl Tergo

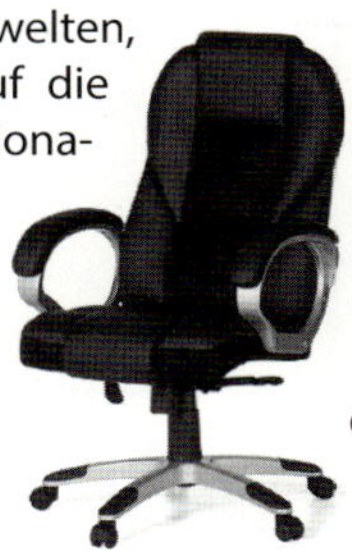

Köln – Ulmer Büromöbel AG, Experte für Bürowelten, antwortet mit einem innovativen Sitzmöbel auf die Trends im Büro. Auf der Orgatec, der internationalen Fachmesse für Planung, Einrichtung und Management von Businesswelten in Köln, präsentierte die Ulmer Büromöbel AG erstmals den neuen Bürodrehstuhl Tergo. Die hochwertige Material- und Fertigungsqualität sowie der herausragende Sitzkomfort verbunden mit einem eleganten Design machen den Tergo zur ersten Wahl im Bereich der Bürositzmöbel. Mehr als 50 Jahre Garantie, verteilt auf die einzelnen Komponenten, können sich in Verbindung mit einem interessanten Preis-Leistungs-Verhältnis sehen lassen. Der Tergo ist ab März lieferbar. Produktion und Zentrale des 1990 gegründeten Unternehmens befinden sich in Ulm am südöstlichen Rand der Schwäbischen Alb. Das Unternehmen erwirtschaftete im aktuellen Geschäftsjahr mit rund 400 Mitarbeitern einen Umsatz von 25 Mio. EUR.

Arbeitsaufträge:

1. Verschaffen Sie sich mithilfe von Material 1 einen Überblick über die Planungs- und Entwicklungsschritte, die der neue Bürodrehstuhl Tergo im Rahmen des Innovationsprozesses durchlaufen musste, bevor er zur Marktreife gelangen konnte. Nutzen Sie hierzu die vorgegebene Struktur (Material 2).

2. Bei der Produktgestaltung sind viele Aspekte zu berücksichtigen. Nennen Sie je zwei Beispiele, welche Eigenschaften der neue Bürodrehstuhl Tergo aus Ihrer Sicht in wirtschaftlicher, technischer und ökologischer Hinsicht aufweisen sollte.

Produkteigenschaften aus		
wirtschaftlicher Sicht	technischer Sicht	ökologischer Sicht

3. Kunden erwarten von einem Produkt einen Nutzen. Dieser Nutzen kann in Grund- und Zusatznutzen unterteilt werden. Der Grundnutzen liegt im Produkt selbst begründet. Er ist meist objektiv vorhanden. Der Zusatznutzen bezieht sich auf Produkteigenschaften, die häufig nicht objektiv messbar sind. Sie entstehen im Kopf des Kunden und sind daher subjektiver Natur, z. B. Selbstverwirklichungsbedürfnisse oder soziale Bedürfnisse.

Bestimmen Sie den Grund- und Zusatznutzen der folgenden Produkte:

Produkte	Grundnutzen	Zusatznutzen
Büromöbel für die Führungsebene		
Automobil Premiumklasse		
Designerjeans		

4. Stellen Sie fest, um welche Entscheidungen zum Produktprogramm es sich in folgenden Fällen handelt.

Fall A: Ein großer Getränkehersteller nimmt aufgrund anhaltender Absatzschwierigkeiten eine vor zwei Jahren eingeführte Limonade vom Markt.

Produktpolitische Maßnahme	

Fall B: Ein amerikanischer Hersteller von Unterhaltungselektronik hat seinen MP3-Player Xenon bislang mit 8- und 16-GB-Flash-Laufwerken angeboten. 2000 bzw. 4000 Songs können gespeichert werden. Mitte des Jahres soll der Xenon auch mit einem 32-GB-Flash-Laufwerk erhältlich sein.

Produktpolitische Maßnahme	

Fall C: Ein europäischer Automobilhersteller bietet derzeit Limousinen, Kombis und Vans an. Nächstes Jahr soll das Produktprogramm um einen Geländewagen erweitert werden.

Produktpolitische Maßnahme	

Fall D: Eine amerikanische Fastfood-Kette unterhält seit kurzem eigene landwirtschaftliche Betriebe, um größeren Einfluss auf die Qualität der Erzeugnisse zu gewinnen.

Produktpolitische Maßnahme	

Fall E: Einem deutschen Hersteller von Nutzfahrzeugen ist es gelungen, den Dieselverbrauch seiner Lkw zu senken. Die neuen Fahrzeuge sollen die alten Fahrzeuge Mitte des Jahres ersetzen.

Produktpolitische Maßnahme	

Fall F: Ein japanisches Unternehmen produziert seit Jahren Sportartikel, Motorboote und Motorräder. Zukünftig sollen darüber hinaus Musikinstrumente vertrieben werden.

Produktpolitische Maßnahme	

Nebenrechnungen:

4. Sie haben sich intensiv mit den verschiedenen Möglichkeiten, Preise festzulegen, auseinandergesetzt. Unterbreiten Sie nun einen begründeten Vorschlag, zu welchem Preis der neue Schreibtisch Deluxe letztlich am Markt angeboten werden soll.

kostenorientierter Verkaufspreis

wettbewerbsorientierter Verkaufspreis

nachfrageorientierter Verkaufspreis

→

Entscheidung	

Begründung:

17 Martin u.a. - ISBN 978-3-8120-1453-3

Schulbuch Kap. 4.4.3

7 Preispolitik: Preise differenzieren

Situation:

Unmittelbar nach Ende der Orgatec, einer großen Büromöbelmesse in Köln, bei der auch die Ulmer Büromöbel AG mit ihren Produkten vertreten war, kommen Frau Sigg, Leiterin der Verkaufsabteilung, Herr Baur, Leiter des Marketings, und Frau Sapel, Vorstandsmitglied der Ulmer Büromöbel AG, zusammen, um die Messetage Revue passieren zu lassen.

UB Ulmer Büromöbel AG

Frau Sapel: Liebe Frau Sigg, lieber Herr Baur, schön dass Sie wieder bei uns sind. Die Messetage waren sicherlich sehr anstrengend.

Herr Baur: Ja, durchaus, Frau Sapel, aber auch sehr erfolgreich.

Frau Sigg: Da kann ich nur zustimmen. Unsere neuen Produkte sind auf der Messe sehr gut angekommen.

Herr Baur: Insbesondere gab es viele interessante Gespräche mit Behördenvertretern. Nicht wenige Städte und Gemeinden beabsichtigen, ihre Verwaltungsgebäude mit neuen Büromöbeln auszustatten. Ich glaube, da können wir mit einigen Aufträgen rechnen.

Frau Sigg: Da bin ich etwas skeptischer. Auch in der Vergangenheit haben wir mehrfach gute Gespräche geführt. Bestellt wurde dann aber doch oft woanders.

Frau Sapel: Woran kann das Ihrer Meinung nach liegen?

Frau Sigg: Die finanzielle Lage der Städte und Gemeinden ist i. d. R. derart angespannt, dass oftmals auf günstigere Anbieter zurückgegriffen wird.

Herr Baur: Nun, ich glaube, ich habe da eine Idee ...

Arbeitsaufträge:

1. Erläutern Sie, welche Idee Herrn Baur wohl vorschwebt und nennen Sie den Fachbegriff für eine derartige Maßnahme.

____

____

2. Analysieren Sie anhand der Absatzprognose am Beispiel des Bürostuhls Deluxe (Interne Mitteilung), welche Auswirkung die geplante Preisdifferenzierung auf den Gewinn haben würde.

Interne Mitteilung

UB Ulmer Büromöbel AG

an:	Marisa Sigg (Verkauf)	**Abteilung:**	Controlling
von:	Alexander Rothacher	**Datum:**	21.07.20..
		Zeichen:	ro

Absatzprognose

1. Bei einem durchschnittlichen Verkaufspreis von 540,00 EUR je Stück für unseren Bürostuhl Deluxe gehen wir von einem Absatz von 12 000 Stück aus. Die variablen Kosten belaufen sich auf 200,00 EUR je Stück. Die fixen Kosten liegen bei 2 880 000,00 EUR.
2. Durch das Absenken des Verkaufspreises für Städte und Gemeinden von 540,00 EUR auf 460,00 EUR könnten zusätzlich 2 000 Stück abgesetzt werden. Da die zusätzliche Produktionsmenge mit den vorhandenen Fertigungsmaschinen gefertigt werden könnte, sind für die fixen Kosten nach wie vor 2 880 000,00 EUR anzusetzen.

Gewinnberechnung ohne Preisdifferenzierung:

Gewinnberechnung mit Preisdifferenzierung:

Ergebnis: ______________________________

____

3. Nennen Sie die Art der Preisdifferenzierung, die die Ulmer Büromöbel AG in den nachfolgend aufgeführten Fällen gewählt hat.

Nr.	Fälle	Preisdifferenzierung
1	Die Ulmer Büromöbel AG verkauft den Büroschrank Standard in den osteuropäischen EU-Ländern um 5 % günstiger als im Inland.	
2	Um auch eine jüngere Käuferschicht anzusprechen, sollen Studenten auf den Bürostuhl Standard 10 % Rabatt erhalten.	
3	In der letzten Juli-Woche gibt es auf alle Produkte der Ulmer Büromöbel AG 15 % Rabatt.	
4	Allen Kunden wird bei der Abnahme von mindestens 50 Stück des Modells Schreibtisch Deluxe ein Mengenrabatt von 5 % gewährt.	
5	Büromöbel an öffentliche Institutionen (z. B. Rathäuser, Schulen etc.) werden zu einem niedrigeren Preis verkauft als Büromöbel für Unternehmen der privaten Wirtschaft.	
6	Die Ulmer Büromöbel AG betreibt seit einigen Jahren ein kleines Museum, in dem historische Möbel zu besichtigen sind. Schüler, Studenten und Rentner bekommen die Eintrittskarte zu einem ermäßigten Preis.	

Schulbuch Kap. 4.4.4

8 Distributionspolitik

Situation:

Nach reiflicher Überlegung hat sich die Geschäftsführung der Ulmer Büromöbel AG dazu entschieden, ein zweites Standbein zu schaffen und zusätzlich zu den Büromöbeln auch diversen Seminarbedarf, wie z. B. Pinnwände, Flipcharts und Moderationsmaterialien, in das Absatzprogramm aufzunehmen. Nun soll die weitere Vorgehensweise festgelegt werden.

Frau Sapel: Meine Herren, ich bin sicher, unsere neue Geschäftsidee wird unsere Wettbewerbsfähigkeit weiter stärken.

Herr Heim: Da stimme ich Ihnen zu. Wenn die Marktprognose zutrifft, können wir mehr als zufrieden sein.

Herr Baur: Das ist richtig. Problematisch ist nur, dass wir unser bisheriges Vertriebssystem kaum nutzen können.

Herr Abt: Wie meinen Sie das?

Herr Baur: Nun, die Büromöbel haben wir bislang über unsere Verkaufsabteilung und die Reisenden direkt an unsere Kunden verkauft. Was den Seminarbedarf angeht, haben wir uns ja zweckmäßigerweise für Absatz über den Groß- und Einzelhandel entschieden.

Herr Abt: Und?

Herr Baur: Des Weiteren verfügen unsere Mitarbeiter über keinerlei Erfahrung, was den Umgang mit dem Handel angeht. Die Zahl der vorhandenen Mitarbeiter reicht bei Weitem nicht aus, um unser Vorhaben erfolgreich zu gestalten. Wir müssen die Zahl der Reisenden erheblich erhöhen.

Herr Heim: Das heißt, wir binden Mitarbeiter an uns, obwohl der Erfolg noch in den Sternen steht.

Herr Baur: Wenn Sie so wollen, ja.

Frau Sapel: Gibt es denn keine andere Möglichkeit?

Herr Baur: Doch, wir könnten auch selbstständige Handelsvertreter mit dem Verkauf unserer Produkte beauftragen.

Herr Abt: Können wir dadurch auch Kosten einsparen?

Herr Baur: Die Frage lässt sich leider nicht so einfach beantworten. Das müssen wir erst noch genau nachrechnen.

Herr Heim: Eine gute Idee. Dann machen Sie das mal.

Arbeitsaufträge:

1. Für das Verkaufsgebiet Baden-Württemberg soll entweder ein Handlungsreisender oder ein Handelsvertreter eingestellt werden.

   Ermitteln Sie mithilfe nachfolgender Marktprognose, welches Absatzorgan bei dem monatlich prognostizierten Umsatz kostengünstiger ist.

Interne Mitteilung

Ulmer Büromöbel AG

an:	Aaron Baur (Marketing)	**Abteilung:**	Marketing
von:	Lilly Adorf	**Datum:**	28.04.20..
		Zeichen:	ad

Marktprognose

Gemäß Marktprognose des von uns beauftragten Marktforschungsinstituts ist bezüglich des Seminarbedarfs in ganz Deutschland mit einem Gesamtumsatz von 800 000,00 EUR je Monat zu rechnen.

Die Verkaufsregion Deutschland soll in 8 Verkaufsgebiete unterteilt werden, die von jeweils einem Handlungsreisenden oder einem Handelsvertreter betreut werden sollen.

Daten zu den Absatzorganen:

- erwarteter Umsatz in Baden-Württemberg: 100 000,00 EUR je Monat
- Fixum Handlungsreisender: 2 400,00 EUR je Monat
- Provision Handlungsreisender: 1 % vom Umsatz je Monat
- Provision Handelsvertreter: 3 % vom Umsatz (in unserer Branche handelt es sich überwiegend um Handelsvertreter, die mehrere Firmen vertreten und damit den gesamten Büroartikelbedarf abdecken)

Mit freundlichen Grüßen

Lilly Adorf

Kostenkalkulation Verkaufsgebiet Baden-Württemberg		
	Handlungsreisender	**Handelsvertreter**
Monatliche Kosten je Absatzorgan bei einem Umsatz von monatlich ______________.		

Nebenrechnungen:

Entscheidung	

2. Bei dem erwarteten Umsatz handelt es sich um eine Prognose. Prognosen beinhalten naturgemäß immer einen hohen Grad an Unsicherheit. Aus diesem Grund ist es sinnvoll, einen Kostenvergleich für unterschiedliche Umsatzzahlen durchzuführen. Führen Sie diesen Kostenvergleich mithilfe der unten stehenden Tabelle durch und markieren Sie den Umsatz, bei dem die Kosten für den Handlungsreisenden und den Handelsvertreter gleich hoch sind.

Umsatz je Monat	Kosten Handlungsreisender	Kosten Handelsvertreter	Handlungsreisender oder Handelsvertreter?
80 000,00 EUR			
100 000,00 EUR			
120 000,00 EUR			
140 000,00 EUR			
160 000,00 EUR			
180 000,00 EUR			

3. Stellen Sie den Kostenvergleich Handlungsreisender versus Handelsvertreter grafisch dar.

Hinweis: Nutzen Sie hierfür nachfolgendes Koordinatensystem!

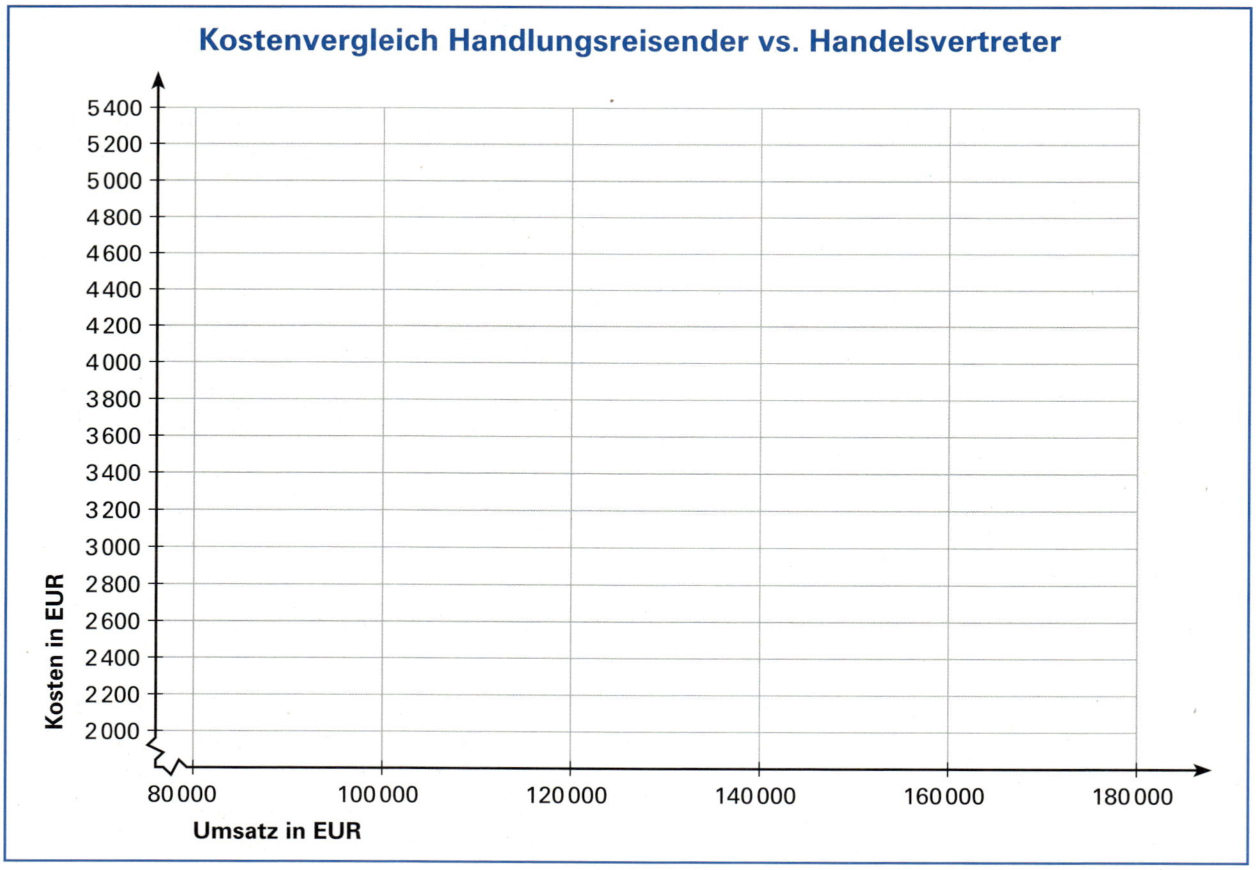

Schulbuch Kap. 4.4.5.1

9 Eine Werbekampagne planen

Situation:

Nach intensiven Überlegungen entschließt sich die Führungsriege der Ulmer Büromöbel AG zum ersten Mal dazu, die Gestaltung der Einführungswerbekampagne für den neuen Schreibtisch „Deluxe" in die Hände einer renommierten Werbeagentur zu legen. Nachdem verschiedene Werbeagenturen miteinander verglichen wurden, entscheidet man sich letztlich für die KaSa GmbH, eine erfolgreiche Werbeagentur aus Stuttgart. Herr Baur, Marketingleiter der Ulmer Büromöbel AG, vereinbart für sich und seine Mitarbeiterin Frau Adorf einen Termin mit Frau Lange, der zuständigen Mitarbeiterin bei der KaSa GmbH. Am Montag, den 02.05.20.., um 10 Uhr treffen Herr Baur und Frau Adorf bei der KaSa GmbH in Stuttgart ein und werden von Frau Lange in Empfang genommen.

Frau Lange: Guten Tag, Frau Adorf, guten Tag, Herr Baur. Ich darf Sie im Hause KaSa willkommen heißen und hoffe auf eine gute Zusammenarbeit. Schildern Sie mir doch zunächst einmal die Situation, in der sich Ihr Unternehmen befindet.

Frau Adorf: Nun, Frau Lange, wir sind seit mehreren Jahren auf dem Markt für Büromöbel tätig und behaupten uns dort relativ erfolgreich gegen unsere Wettbewerber. Allerdings sind wir in letzter Zeit ein wenig ins Hintertreffen geraten.

Herr Baur: Das kann man wohl sagen. Einige Produkte sind veraltet und stehen kurz vor der Herausnahme aus dem Produktionsprogramm.

Frau Adorf: Aus diesem Grund haben wir uns entschlossen, einen neuen Schreibtisch auf den Markt zu bringen.

Frau Lange: Wenn ich Sie recht verstehe, sollen wir für Sie eine Werbekampagne planen, die Ihr neues Produkt auf dem Markt einführt.

Herr Baur: Das ist richtig. Unsere Marktanalyse hat ergeben, dass sich die Produktgruppe „Schreibtische für gehobene Ansprüche" durch beträchtliche Wachstumsraten auszeichnet. Wir sind davon überzeugt, dass unser neues Produkt alles mitbringt, um erfolgreich zu sein. Es verbindet Funktionalität und Qualität mit einem außergewöhnlichen Design.

Frau Lange: Da Sie, wie ich weiß, Ihre Produkte fast ausschließlich an Unternehmen verkaufen, ist die Zielgruppe unserer Werbekampagne schon relativ klar umrissen. Zu welchem Zeitpunkt wollen Sie Ihr Produkt denn auf dem Markt einführen?

Frau Adorf: Der Schreibtisch geht Anfang Juni in Produktion und kann Anfang Juli ausgeliefert werden. Deshalb haben wir daran gedacht, die Werbekampagne von Anfang Juli bis Ende Juli durchzuführen.

Frau Lange: Werden Ihre Produkte in ganz Deutschland vertrieben?

Herr Baur: Ja, Frau Lange. Deshalb sollte die Werbekampagne auch potenzielle Käufer in ganz Deutschland erreichen.

Frau Lange: Ein wichtiger Punkt, der noch zu klären ist, ist die Höhe des Werbeetats, der uns zur Verfügung steht.

Frau Adorf: Nun, wir haben an einen Werbeetat von 100 000,00 EUR gedacht. Wobei Abweichungen von +/– 10 % im Rahmen des Möglichen liegen. Ihr Honorar wird gesondert verrechnet.

Frau Lange: Nun, ich denke, damit hätten wir zunächst einmal alle benötigten Informationen beisammen. Ich schlage vor, meine Mitarbeiter und ich beschäftigen uns nun mit der Auswahl der Medien, mit denen wir für Ihr Produkt werben wollen.

Arbeitsaufträge:

1. Nennen Sie diejenigen Aspekte der Werbeplanung, die aus dem Einstiegsdialog bereits geklärt sind.

Werbeplan (Planung einer Werbekampagne)	
Werbeziel	
Werbemittel und -träger	➤ **siehe Arbeitsauftrag 2**
Werbeetat (Werbebudget)	
Streuzeit (Zeitpunkt)	
Streukreis (Zielgruppe)	
Streugebiet	

2. Erstellen Sie nun mithilfe der nachfolgenden Materialien (Material 1–4) einen Werbeplan für die Ulmer Büromöbel AG. Berücksichtigen Sie hierbei den zur Verfügung stehenden Werbeetat und beachten Sie, dass die Umsatzsteuer ein durchlaufender Posten ist und daher in der Kostenkalkulation nicht zu berücksichtigen ist.

   Hinweis: Nutzen Sie hierfür das Auswertungsformular (Material 5).

3. Führen Sie drei wesentliche Kriterien an, die bei der Auswahl der Werbemedien eine Rolle spielen.

   ➤ ______________________________

   ____

   ➤ ______________________________

   ____

   ➤ ______________________________

   ____

4. Die durchgeführte Medienauswahl für den neuen Schreibtisch der Ulmer Büromöbel AG bezog sich auf ein Investitionsgut, d. h., auf ein Produkt, das von Unternehmen nachgefragt wird.

   Nennen Sie sechs Medien, die sich aus Ihrer Sicht für in großen Mengen produzierte Güter für die privaten Haushalte (Konsumgüter) eignen.

   ➤ ______________________________

   ➤ ______________________________

   ➤ ______________________________

   ➤ ______________________________

   ➤ ______________________________

   ➤ ______________________________

Nebenrechnungen:

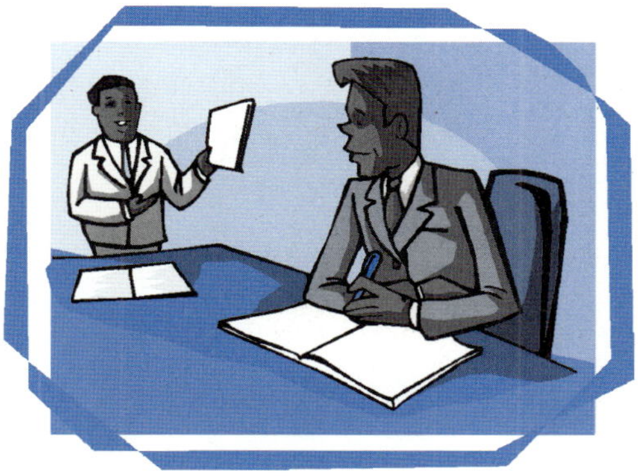

Material 1: Angebot Centrum Media Group AG

centrum media group ag – Professionelle Vermittlung und Umsetzung werbetechnischer Lösungen

Centrum Media Group AG ✦ Völklinger Str. 47 ✦ 40221 Düsseldorf

KaSa GmbH
Robert-Bosch-Straße 101
70599 Stuttgart

Ihr Zeichen: la
Ihr Nachricht vom: 03.05.20..
Unser Zeichen: bra
Ihr Ansprechpartner: Jan Braun
Telefon: 0221 5076-45
Telefax: 0221 5077
E-Mail: jan.braun@centrum.de

Datum: 06.05.20..

Angebot Printmedien (Zeitschriften)

Sehr geehrte Frau Lange,

wir danken für Ihre Anfrage und bieten wie folgt an:

Ausgewählte Titel	Erscheinungshäufigkeit	Auflage/Reichweite (ET = Entscheidungsträger)	Preis je Anzeige
Der Spiegel	1 x pro Woche	1 200 000 davon 400 000 ET	20 000,00 EUR
Stern	1 x pro Woche	1 200 000 davon 200 000 ET	22 000,00 EUR
FAZ	täglich	400 000 davon 100 000 ET	10 000,00 EUR
Wirtschaftswoche	1 x pro Woche	250 000 davon 200 000 ET	12 000,00 EUR
manager magazin	1 x im Monat	220 000 davon 150 000 ET	12 000,00 EUR

Mit Entscheidungsträgern sind diejenigen Personen in Unternehmen gemeint, die über zukünftige Investitionen zu entscheiden haben (Vorstandsmitglieder, Geschäftsführer, Prokuristen etc.).

Die Produktionskosten einer Anzeige in Printmedien (Gestaltung und Herstellung) belaufen sich auf einmalig 5 000,00 EUR.

Alle Preise verstehen sich zuzüglich der gültigen Umsatzsteuer von derzeit 19 %. Die Zahlungen sind innerhalb von 30 Tagen zu leisten. Es gelten unsere allgemeinen Geschäftsbedingungen.

Mit freundlichen Grüßen

Centrum Media Group AG

i. A. *Jan Braun*

Jan Braun

Geschäftsführer: Pascal Meier, Bernd Schlage
Sitz der Gesellschaft: Düsseldorf
Handelsregister: Amtsgericht Düsseldorf HRB 593-0205
Kommunikation: Telefon: 0221 5076-0, Telefax: 0221 5077, E-Mail: mail@centrum.de, http://www.centrum.de
Bankverbindung: Postbank Düsseldorf, BIC: DUSSDEDDXXX, IBAN: DE88300501100694739208
Finanzamt Düsseldorf Steuernummer: 022/120/0123, USt-Id-Nummer: DE 623454781

Material 2: Angebot Transletter GmbH

TRANSLETTER GMBH – Erfolg garantiert

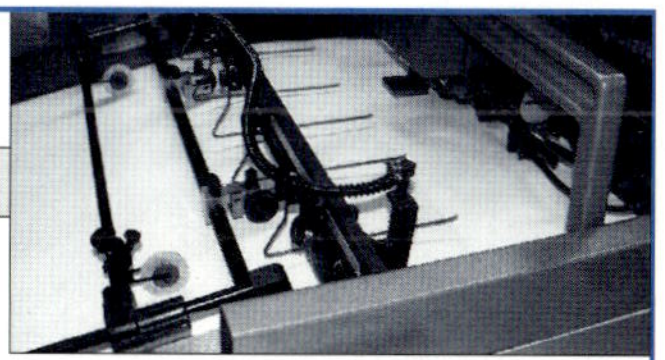

Transletter GmbH ✦ Littenstraße 12 ✦ 10715 Berlin

KaSa GmbH
Robert-Bosch-Straße 101
70599 Stuttgart

Ihr Zeichen: la
Ihre Nachricht vom: 03.05.20..
Unser Zeichen: pau

Name: Pauly
Telefon-Durchwahl: 030 379-75
Fax: 030 379-1
E-Mail: Peter.Pauly@translettergmbh.de

Datum: 06.05.20..

Angebot Werbebriefe

Sehr geehrte Frau Lange,

bezüglich Ihrer Anfrage bieten wir Ihnen heute an:

Gestaltung Werbebrief: Flyer (DIN A5, farbig) und Anschreiben,
einmalig 500,00 EUR

Druck Werbebriefe (siehe oben):
pro 1 000 Stück: 800,00 EUR

Handling (Werbebriefe eintüten, Briefumschlag mit Adresse beschriften und frankieren):
pro 1 000 Stück: 1 200,00 EUR

Alle Preise verstehen sich zuzüglich der gültigen Umsatzsteuer von derzeit 19 %. Die Zahlungen sind innerhalb von 30 Tagen zu leisten. Es gelten unsere allgemeinen Geschäftsbedingungen.

Wir bedanken uns schon jetzt für Ihr Vertrauen und freuen uns auf eine enge Zusammenarbeit.

Mit freundlichen Grüßen

Transletter GmbH

i. A. *Peter Pauly*

Peter Pauly

Geschäftsführer: Klara Lahnstein
Sitz der Gesellschaft Berlin
Handelsregister: Amtsgericht Berlin HRB 3326
Kommunikation: Telefon: 030 379-0, Telefax: 030 379-1, E-Mail: info@translettergmbh.de, http://www.translettergmbh.de
Bankverbindung: Deutsche Bank Berlin, IBAN: DE89 1007 0000 0100 1103 00, BIC: DEUTDEBBXXX
Finanzamt Berlin Steuernummer: 348/863/2455, USt-Id-Nummer: DE5712445932

18 Martin u.a. - ISBN 978-3-8120-1453-3

Material 3: Telefonnotiz

KaSa
Telefonnotiz

von:	Paula Berger
Abteilung:	Medien
Gesprächspartner:	Herr Golke
Firma:	Meviko GmbH
Datum:	07.05.20..
Uhrzeit:	09:30

Betreff:

Angebot für sonstige Werbemedien (Nettopreise)

Werbemedien (Werbemittel u. -träger)	Reichweite	Produktionskosten	Nutzungskosten der Werbemedien
Fernsehwerbung (z.B. RTL)	2,5 Mio Zuschauer	TV-Spot 60 000,00 EUR	50 000,00 EUR je gesendetem Spot
Rundfunkwerbung (z.B. SWR3)	600 000 Hörer	Rundfunk-Spot 2 500,00 EUR	2 000,00 EUR je gesendetem Spot
Kinowerbung (z.B. Cinemaxx Verband)	je nach Anzahl	Kino-Spot* 3 000,00 EUR	500,00 EUR je 10 000 Zuschauer
Plakatwerbung	je nach Standort	30,00 EUR je Plakat	150,00 EUR pro Woche je Plakatwand
Prospektbeilagen (farbig) in Zeitschriften bzw. Zeitungen	je nach Anzahl	3,00 EUR je Prospekt	2 000,00 EUR je 1 000 Prospektbeilagen

* Die Produktionskosten (Gestaltung und Herstellung) eines Spots fallen einmalig an. Mit Kinospots sind Fotos, gesprochener Text und musikalische Untermalung gemeint. Alle Preise verstehen sich zuzüglich 19 % Umsatzsteuer.

Material 4: Interne Mitteilung

KaSa
Internas

an:	Frau Lange
von:	Kim Peske
Abteilung:	Medien
Datum:	06.05.20..
Zeichen:	pe

Kostenüberblick der Messen/Ausstellungen in Deutschland 20..:

Die Produktionskosten (Planung, Transport, Bewirtung, Personal, Prospekte etc.) belaufen sich auf insgesamt 4 000,00 EUR je Messe. Zeitdauer der Messen: jeweils 5 Tage. Die Standmiete beinhaltet einen 60 m^2 großen Messestand inkl. Beleuchtung, Teppiche, Theke, Bestuhlung und Tische und gilt für die gesamte Messezeit. Alle Preise verstehen sich zuzüglich 19 % Umsatzsteuer.

1. Orgatec in Köln
   Termin: 1.–5. Juli
   ca. 60 000 Besucher
   Standmiete: 16 000,00 EUR
2. Alles fürs Büro in Leipzig
   Termin: 14.–18. Juli
   ca. 60 000 Besucher
   Standmiete: 14 000,00 EUR
3. Das moderne Büro in Stuttgart
   Termin: 1.–5. November
   ca. 50 000 Besucher
   Standmiete: 18 000,00 EUR
4. Das natürliche Büro in Karlsruhe
   Termin: 4.–7. Oktober
   ca. 55 000 Besucher
   Standmiete: 16 000,00 EUR

Material 5: Auswertungsformular (Werbeplan)

KaSa

Werbeplan für die Ulmer Büromöbel AG

Werbeetat	

Medien (Werbemittel und -träger)	(qualifizierte) Reichweite*	Produktionskosten	Nutzungskosten	Gesamtkosten
Gesamt				

* Zahl der Personen, die der Zielgruppe entsprechen.

Schulbuch Kap. 4.4.5.2

10 Den Verkauf fördern: Salespromotion

Situation:

Die Ulmer Büromöbel AG hatte die Stuttgarter Werbeagentur KaSa GmbH beauftragt, eine Werbekampagne für den neuen Schreibtisch Deluxe zu entwerfen. Heute wurde das Ergebnis dem Vorstand sowie dem Marketingleiter, Herrn Baur, im Rahmen einer Präsentation vorgestellt. Danach sitzen Herr Heim, Frau Sapel und Herr Baur zusammen, um das Ergebnis zu besprechen.

Herr Heim: Frau Sapel, ich glaube die Werbekampagne wird ein voller Erfolg. Wir haben gut daran getan, die Angelegenheit in die Hände dieser renommierten Werbeagentur zu legen.

Frau Sapel: Das sehe ich genauso. Ich hoffe, die Verkaufszahlen bestätigen unseren guten Eindruck. Herr Baur, was meinen Sie als Fachmann dazu?

Herr Baur: Auch ich kann nur zustimmen. Allerdings gebe ich zu bedenken, dass wir nicht die einzigen sind, die ihre Produkte aufwendig bewerben. Wenn ich da an die aktuelle Werbekampagne unseres Konkurrenten Pro Office denke, ... hervorragende Arbeit, wenn Sie mich fragen.

Herr Heim: Schön und gut, aber welche Schlussfolgerungen ziehen wir daraus?

Herr Baur: Ich glaube, eine Werbekampagne alleine reicht nicht.

Frau Sapel: Sie meinen, wir sollten noch mehr werben?

Herr Baur: Nein, meines Erachtens sollten wir versuchen, durch einige zeitlich begrenzte Aktionen den Verkauf unserer Produkte anzukurbeln.

Herr Heim: Herr Baur, haben Sie da schon etwas Bestimmtes im Sinn?

Herr Baur: Aber sicher ...

Arbeitsauftrag:

Nennen Sie Aktionen/Maßnahmen, die die Ulmer Büromöbel AG neben der Werbung durchführen könnte, um den Verkauf ihrer Produkte zu fördern.

Hinweis: Bedenken Sie, dass die Ulmer Büromöbel AG ihre Produkte direkt an ihre Kunden verkauft, ohne den Handel zwischenzuschalten.

	Aktionen/Maßnahmen
1	
2	
3	
4	
5	

11 Öffentlichkeitsarbeit (Public Relations)

Schulbuch Kap. 4.4.5.3

Situation:

Bei der Ulmer Büromöbel AG herrscht große Aufregung. Herr Heim und Frau Sapel laufen unruhig hin und her. Herr Denzel, Leiter der Fertigung, sitzt ihnen nicht minder nervös gegenüber.

UB Ulmer Büromöbel AG

Herr Heim: Herr Denzel, wie konnte das nur passieren? Gerade jetzt, wo der Absatz des neuen Schreibtisches doch so gut angelaufen ist.

Herr Denzel: Nun, die Lackieranlage, an der die Probleme aufgetreten sind, ist schon einige Jahre in Betrieb. Aus Kostengründen haben wir den Kauf einer neuen modernen Anlage seit Jahren immer vor uns hergeschoben.

Frau Sapel: Probleme sagen Sie? Die Presse spricht da eine ganz andere Sprache. Sehen Sie sich mal den Zeitungsartikel in der Schwäbischen Zeitung an.

Umweltkatastrophe in Ulm

Büromöbelhersteller Ulmer Büromöbel AG setzt giftige Substanzen frei

Ulm – Wie die Geschäftsführung der Ulmer Büromöbel AG, einem mittelständischen Industrieunternehmen in Ulm, gestern Vormittag mitteilte, kam es am Tag zuvor um die Mittagszeit in der Fertigung zu einem Störfall, wie es ihn in der 30-jährigen Geschichte des Unternehmens noch nicht gegeben hat. Hochgiftige Dämpfe gelangten durch eine undichte Stelle im Rohrsystem der Fertigung ins Freie. Wie sich nun herausstellte, legte sich eine große Wolke als Nebel über die umliegenden Felder und Wiesen. Rund 1,2 Tonnen der giftigen Substanzen gingen nieder. Menschen kamen glücklicherweise nicht zu Schaden. Umweltschützer von Greenpeace waren sofort vor Ort und warfen der Unternehmensleitung verantwortungsloses Verhalten vor.

Herr Denzel liest den Artikel.

Herr Denzel: Du lieber Himmel, die Ausmaße der Geschichte waren mir so nicht bewusst. Was sollen wir bloß tun? Ungeschehen machen können wir das Ganze ja nun nicht mehr.

Herr Heim: Ab heute sind wir für die Öffentlichkeit die Umweltverschmutzer aus Baden-Württemberg. Vom konkreten Schaden ganz zu schweigen.

Frau Sapel: Die Folgen für unser Unternehmen sind überhaupt noch nicht abzusehen. Wir müssen unverzüglich reagieren.

Herr Heim: Die Frage ist nur: Wie?

Arbeitsaufträge:

1. Nennen Sie fünf schwerwiegende Folgen, die die Umweltkatastrophe für die Ulmer Büromöbel AG haben könnte.

➤ ____________________

➤ ____________________

➤ ____________________

➤ ____________________

➤ ____________________

2. Unterbreiten Sie dem Vorstand der Ulmer Büromöbel AG einen begründeten Vorschlag, wie sie auf die Krise reagieren sollten.

____

____

____

____

____

____

3. Um der Öffentlichkeit zu zeigen, welche Maßnahmen die Ulmer Büromöbel AG in puncto Umweltschutz ergriffen hat, beabsichtigt das Unternehmen einen „Tag der offenen Tür“ durchzuführen. Sie werden mit der Organisation dieser Veranstaltung beauftragt.

   Erstellen Sie eine diesbezügliche To-do-Liste, in der die Abfolge dieses Tages beschrieben wird.

To-do-Liste	
1	
2	
3	
4	
5	
6	

4. **Lückentext**

   Das Ziel der Öffentlichkeitsarbeit (engl. ____________) besteht darin, den Ruf bzw. das ____________ eines Unternehmens in der Öffentlichkeit zu ____________. Wichtige Adressaten sind z. B. ____________ und ____________. Geeignete Maßnahmen der Öffentlichkeitsarbeit sind z. B. das Abhalten von ____________, Tage der ____________ Tür, ____________ oder auch moderne Varianten, wie z. B. das ____________ oder das ____________.

Schulbuch Kap. 4.5.1

12 Personalauswahl: Arbeitszeugnisse auswerten

Situation:

Um den ostdeutschen Markt besser bearbeiten zu können, hat sich die Ulmer Büromöbel AG entschieden, ein Verkaufsbüro in Dresden einzurichten. Hierfür werden zwei Verkaufssachbearbeiter mit Außendiensttätigkeit gesucht. Die Personalleiterin Steffi Kugler möchte die benötigten Mitarbeiter vorwiegend über Stellenanzeigen in diversen regionalen und überregionalen Tageszeitungen beschaffen. Eine Woche nach Schaltung der Anzeigen liegen Dutzende von Bewerbungen auf ihrem Schreibtisch. Es gilt, die „Spreu vom Weizen zu trennen". Ist dies geschehen, möchte man im Rahmen von Vorstellungsgesprächen herausfinden, welche Mitarbeiter eingestellt werden sollen.

Arbeitsauftrag:

Für die beiden Stellen „Verkaufssachbearbeiter mit Außendiensttätigkeit" in Dresden liegen Dutzende Bewerbungen vor. Herr Nieber, Sachbearbeiter der Personalabteilung, hat anhand der Anschreiben und der Lebensläufe vier Bewerber ausgewählt, die ihm geeignet erscheinen. Frau Kugler überträgt Ihnen die Aufgabe, sich mit den Arbeitzeugnissen (Material 1–4) der einzelnen Bewerber auseinander zu setzen.

Unterbreiten Sie Frau Kugler einen begründeten Vorschlag, welchen bzw. welche Bewerber Sie zu einem Vorstellungsgespäch einladen würden.

Auswertungsformular:

Bewerber 1: Peter Franke	Bewerber 2: Jan Dörner
Bewerber 3: Petra Geyer	**Bewerber 4: Bernd Witt**

Ergebnis:

Meiner Meinung nach sollten folgende Bewerber zum Vorstellungsgespräch eingeladen werden:

__________ und __________

Material 1: Arbeitszeugnis Peter Franke

Tewes Büroartikel KG
Chemnitz

Zeugnis

Herr Peter Franke, geb. am 08.02.1974 in Chemnitz, trat am 01.08.2002 als Verkaufssachbearbeiter in unser Unternehmen ein.

Aufgrund seiner guten Auffassungsgabe konnte die Einarbeitung in seinen Aufgabenbereich als Verkaufssachbearbeiter schnell und problemlos erfolgen. Schon sehr bald arbeitete er vollkommen selbstständig.

Zu den wesentlichen Tätigkeiten in seinem Arbeitsbereich gehörten der telefonische Verkauf und die Kontaktpflege zu unserer Kundschaft, die selbstständige Bearbeitung der eingehenden Interessentenanfragen, das Erstellen von Angeboten, die Auftragsannahme und -bearbeitung.

Herr Franke verfügt über gute Fachkenntnisse, die er in seiner täglich anfallenden Arbeit sicher und effizient einsetzt. Stets erledigte er alle ihm übertragenen Aufgaben zu unserer vollsten Zufriedenheit.

Besonders zu betonen ist seine hohe Einsatzbereitschaft sowie seine Loyalität gegenüber unserem Unternehmen. Durch seine freundliche, kooperative Wesensart war er bei seinen Vorgesetzten und Kollegen stets gleichermaßen beliebt wie auch geschätzt. Auch gegenüber unseren Kunden war sein Verhalten jederzeit vorbildlich.

Herr Franke ist zum 31.10.2018 auf eigenen Wunsch aus unserem Unternehmen ausgeschieden, um sich einer neuen Herausforderung zu stellen. Wir respektieren seine Entscheidung, danken für die geleistete Arbeit und wünschen ihm für seine berufliche wie auch private Zukunft alles Gute und viel Erfolg.

Chemnitz, 31.10.2018

Tewes Büroartikel KG

P. Meier K. Müller

Paul Meier
Personalleiter

Kai Müller
Abteilungsleiter

Material 2: Arbeitszeugnis Jan Dörner

Velbinger Mineralstoffe GmbH
Berlin

Zeugnis

Herr Jan Dörner, geb. am 10.03.1972 in Berlin, war vom 01.08.2003 bis zum 30.09.2018 in unserer Abteilung Verkauf als Verkaufssachbearbeiter tätig. Zu seinen Aufgaben gehörte sowohl die Auftragsanbahnung als auch die Auftragsbearbeitung.

Herr Dörner war ein motivierter Mitarbeiter, der die ihm gesetzten Ziele verfolgte. Er besitzt ein solides Grundwissen in den von ihm bearbeiteten Aufgabengebieten. Herr Dörner erledigte seine Aufgaben ordnungsgemäß und zu unsererer Zufriedenheit. Die Arbeitsqualität entsprach meist den Anforderungen/Erwartungen, wobei er sich stets bemühte, die vorgegebenen Ziele zu erreichen.

Herr Dörner war lernmotiviert und hat sich neben seinem Beruf weitergebildet.

Die Leistungen von Herrn Dörner entsprachen unseren Erwartungen.

Sein Verhalten gegenüber Kollegen, Vorgesetzten und Kunden war gut. Wir lernten Herrn Dörner als einen meinungs- und diskussionsfreudigen Mitarbeiter kennen, der Kritik üben und meist auch akzeptieren konnte.

Berlin, 30.09.2018

Velbinger Mineralstoffe GmbH

K. Gerber O. Manfeld

K. Gerber
Personalleiter

O. Manfeld
Abteilungsleiter

Material 3: Arbeitszeugnis Petra Geyer

Heineman Büroartikel KG
Dresden

Zeugnis

Frau Petra Geyer, geb. am 08.02.1976 in Berlin, war vom 01.08.2002 bis zum 31.10.2018 als Verkäuferin in unser Unternehmen tätig.

Frau Geyer war für unser Verkaufsgebiet Süd-Ost eigenverantwortlich zuständig. Dabei hat sie mit hohem Einsatz die Betreuung unserer Stammkunden gepflegt und sich besonders bei der Akquisition von Neukunden profiliert. Es ist ihr mehrfach gelungen uns bei Großunternehmen als Hauptlieferant zu etablieren.

Wegen Ihrer fachlich ausgezeichneten Kenntnisse, verbunden mit einer positiven Einstellung zu unserem Unternehmen schätzen wir Frau Geyer als wertvolle Mitarbeiterin. Sie war stets engagiert und aufgeschlossen und führte ihre Tätigkeiten immer mit vollem Einsatz erfolgreich aus. Ihre Arbeitsqualität war jederzeit weit überdurchschnittlich. Durch mehrere Weiterbildungen hat sie die Zahl unserer Kunden beträchtlich erhöhen können.

Frau Geyer erfüllte ihre Aufgaben stets zu unserer vollsten Zufriedenheit.

Aufgrund ihrer kooperativen Haltung war Frau Geyer immer bei Vorgesetzten und Kollegen anerkannt und beliebt. Ihr Auftreten gegenüber Kunden war stets einwandfrei. Sie war als kompetente und freundliche Gesprächspartnerin anerkannt.

Frau Geyer verlässt unser Unternehmen auf eigenen Wunsch. Wir bedauern dies sehr und wünschen ihr beruflich und persönlich alles Gute und weiterhin viel Erfolg.

Dresden, 31.10.2018

Heineman Büroartikel KG

R. Schmidt　　A. Bauer

R. Schmidt　　A. Bauer
Personalleiter　　Abteilungsleiter

Material 4: Arbeitszeugnis Bernd Witt

Frohwein Bürosysteme KG
Berlin

Zeugnis

Herr Bernd Witt, geboren am 08.02.1970 in Berlin, wurde am 01.08.2004 als Verkäufer im Außendienst in unserem Unternehmen eingestellt.

Nach Einarbeitung übernahm Herr Witt das Verkaufsgebiet Dresden/Leipzig zur umsatzverantwortlichen Bearbeitung.

Sein Aufgabengebiet umfasste sowohl die Akquisition von Neukunden als auch die Betreuung des bestehenden Kundenstamms. Hierbei war er auch mit der Abwicklung von Reklamationen betraut. Herr Witt erfüllte seine Aufgaben erwartungsentsprechend. Hierbei wurde er den fachlichen Anforderungen meist gerecht. Er zeigte keinerlei Unsicherheiten bei der Ausführung seiner Arbeitsaufgaben. Seine Arbeitsqualität war im großen und ganzen zufriedenstellend. Er war stets daran interessiert, seine ausbaufähigen Fachkenntnisse in den Dienst des Unternehmens zu stellen. Er hat die ihm übertragenen Arbeiten zu unserer Zufriedenheit erledigt.

Seine Zusammenarbeit mit Vorgesetzten und Kollegen war gut. Auch seine Zusammenarbeit mit Kunden war jederzeit ohne Beanstandung.

Herr Witt verlässt unser Unternehmen am heutigen Tag, um sich beruflich zu verändern. Für die von ihm erbrachten Leistungen bedanken wir uns. Wir wünschen Herrn Witt viel Glück.

Berlin, 30.09.2018

Frohwein Bürosysteme KG

G. Ziegler　　S. Opalla

G. Ziegler　　S. Opalla
Personalleiter　　Abteilungsleiter

19 Martin u.a. - ISBN 978-3-8120-1453-3

Schulbuch Kap. 4.5.2

13 Personaleinstellung: Einen Arbeitsvertrag abschließen

Situation:

Frau Kugler, Personalleiterin der Ulmer Büromöbel AG, und Frau Sigg, Leiterin der Verkaufsabteilung, haben sich nach Auswertung der Vorstellungsgespräche dazu entschieden, Petra Geyer die Stelle als Verkaufssachbearbeiterin anzubieten. Da Frau Geyer die ärztliche Einstellungsuntersuchung

erfolgreich überstanden hat, beauftragt Frau Kugler einen ihrer Mitarbeiter, Lars Becker, damit, den Arbeitsvertrag für Frau Geyer aufzusetzen. Der Vertrag soll am 08.03.20.. unterschriftsreif vorliegen. Lars Becker, noch nicht lange in der Personalabteilung tätig, lässt sich zwar nichts anmerken, fühlt sich jedoch reichlich überfordert. Mit Arbeitsverträgen musste er sich bislang nicht auseinandersetzen.

Arbeitsaufträge:

1. Nennen Sie Gründe, die die Ulmer Büromöbel AG veranlasst haben könnte, eine neue Verkaufssachbearbeiterin einzustellen.

   ____

   ____

2. Setzen Sie mithilfe der Informationen aus der internen Mitteilung (Material 1) den Arbeitsvertrag für Frau Geyer auf.

   Hinweis: Im nachfolgenden Formular „Arbeitsvertrag" (Material 2) wurden bewusst die Paragrafenüberschriften weggelassen. Überlegen Sie sich geeignete Überschriften und tragen Sie sie in die dafür vorgesehenen Lücken ein.

Material 1: Interne Mitteilung

Interne Mitteilung

Ulmer Büromöbel AG

an: Lars Becker
von: Steffi Kugler

Abteilung: Personal
Datum: 05.03.20..
Zeichen: ku

Einstellung Frau Geyer

Frau Petra Geyer, wohnhaft in 10707 Berlin, Brandenburger Str. 47, fängt am 01.04.20.. in unserem Hause als Verkaufssachbearbeiterin an.

Tarifvertragliche Regelungen:

- Bruttogehalt 2700,00 EUR
- 39-Stunden-Woche
- 30 Arbeitstage Urlaub
- Vermögenswirksame Leistungen 10,00 EUR

Zusätzliche Vereinbarungen:

- Probezeit 3 Monate

Mit freundlichen Grüßen

Steffi Kugler

Material 2: Formular „Arbeitsvertrag"

Ulmer Büromöbel AG

Arbeitsvertrag

Zwischen der Ulmer Büromöbel AG, Industriepark 5, 89073 Ulm

und ______________________________

wird unter Hinweis auf den bestehenden Tarifvertrag in der holz- und kunststoffverarbeitenden Industrie folgender Arbeitsvertrag abgeschlossen:

§ 1 ______________________

Das Arbeitsverhältnis beginnt am ________. Arbeitsort ist ______________.

§ 2 ______________________

Die Probezeit beträgt ____________. Während der Probezeit kann das Arbeitsverhältnis beiderseits mit einer Frist von 2 Wochen zu jedem beliebigen Termin gekündigt werden.

§ 3 ______________________

______________________ wird als __________________ eingestellt. Bei Bedarf sind auch andere zumutbare Arbeiten, die den Vorkenntnissen des Arbeitnehmers entsprechen, zu leisten. Die bisherige Vergütung ist in diesem Fall weiterzuzahlen.

§ 4 ______________________

Die wöchentliche Arbeitszeit beträgt __________. Beginn und Ende der täglichen Arbeitszeit richten sich nach den Betriebsvereinbarungen. Der Arbeitnehmer ist verpflichtet, Mehrarbeit zu leisten, soweit dies gesetzlich zulässig ist. Der Arbeitgeber zahlt für jede geleistete Überstunde einen Zuschlag. Der Zuschlag richtet sich nach den Betriebsvereinbarungen.

§ 5 ______________________

Das Gehalt beträgt monatlich __________ brutto, zzgl. ________ vermögenswirksame Leistungen, zahlbar bargeldlos am Monatsende. Die Zahlung von Gratifikationen oder anderen Sonderzahlungen liegt im freien Ermessen des Arbeitgebers und begründet keinen Rechtsanspruch, auch wenn die Zahlungen wiederholt erfolgen.

§ 6 ______________________

Der Arbeitnehmer erhält kalenderjährlich einen Erholungsurlaub von __________ unter Fortzahlung seiner Bezüge. Arbeitstage sind alle Kalendertage, die nicht Samstage, Sonntage oder gesetzliche Feiertage sind. Der Arbeitnehmer stimmt den Urlaubsantritt mit der Abteilungsleitung ab.

§ 7 ______________________

Ist der Arbeitnehmer infolge auf Krankheit beruhender Arbeitsunfähigkeit an der Arbeitsleistung verhindert, ohne dass ihn ein Verschulden trifft, so erhält er Gehaltsfortzahlung nach den tarifvertraglichen Vereinbarungen.

§ 8 ______________________

Jede entgeltliche oder das Arbeitsverhältnis beeinträchtigende Nebenbeschäftigung ist nur mit Zustimmung des Arbeitgebers zulässig.

§ 9 ______________________

Für die Kündigung des Arbeitsverhältnisses gelten nach Ablauf der Probezeit die gesetzlichen Bestimmungen. Vor Antritt des Arbeitsverhältnisses ist die Kündigung ausgeschlossen.

§ 10 ______________________

Der Arbeitnehmer verpflichtet sich, während der Dauer des Arbeitsverhältnisses und auch nach Ausscheiden, über alle Betriebs- und Geschäftsvereinbarungen Stillschweigen zu bewahren.

Ulm, den __________

Ulmer Büromöbel AG
Industriepark 5
89073 Ulm

______________________	______________________
Arbeitgeber	Arbeitnehmer/-in

Ulmer Büromöbel AG
Industriepark 5, 89073 Ulm
Registergericht Ulm HRB 84759
USt-ID Nr. DE 68 837 465
Vorstand: Robert Heim (Vorsitzender), Achim Abt, Kathrin Sapel
Vorsitzende des Aufsichtsrats: Sarah Kern

Bankverbindungen:
Commerzbank Ulm
IBAN: DE85 6304 0053 0041 4400 18 BIC: COBADEFFXXX
Sparkasse Ulm
IBAN: DE61 6305 0000 0041 4500 75 BIC: SOLADES1ULM

LEHRPLANEINHEIT 5: EINFÜHRUNG IN DAS EXTERNE RECHNUNGSWESEN

1 Inventur und Inventar

Situation:

Ende des Jahres stehen bei der Ulmer Büromöbel AG die Jahresabschlussarbeiten an. René Drawe, Mitarbeiter der Buchhaltungsabteilung, erhält die Aufgabe, die jährliche Inventur durchzuführen. Zu diesem Zweck begibt er sich ins Lager für Fertigerzeugnisse, um zu prüfen, welche Mengen auf Lager liegen. Zudem stellt ihm seine Kollegin Eva Sammer eine Liste mit den übrigen Vermögens- und Schuldenwerten des Unternehmens zur Verfügung.

UB Ulmer Büromöbel AG

Arbeitsaufträge:

1. Erläutern Sie, weshalb ein Kaufmann eine Inventur durchführt.

2. René Drawe hat im Rahmen der Inventur die Herstellkosten und die Lagerbestände in Stück für die von der Ulmer Büromöbel AG hergestellten Erzeugnisse ermittelt. Vervollständigen Sie die Inventuraufnahmeliste (Material 1), indem Sie den Wert der Lagerbestände in Euro berechnen.

3. Ermitteln Sie, wie viel Euro der gesamte Lagerbestand an Fertigerzeugnissen (Material 1) beträgt.

4. In der von Eva Sammer zur Verfügung gestellten Liste der übrigen Vermögens- und Schuldenwerte (Material 4) fehlen einige Werte. Vervollständigen Sie die Liste mithilfe von Material 1–3, indem Sie die fehlenden Werte an der entsprechenden Stelle eintragen.

5. Erstellen Sie für die Ulmer Büromöbel AG das Inventar zum 31. 12. 20.. (Material 5).

6. Die Herstellkosten von 50 Rollcontainern Lilibe (Art.-Nr. A-1101100) betragen 14 700,00 EUR. Berechnen Sie die Herstellkosten für 110 Stück.

7. Die Vorräte bezüglich des Konferenz- und Seminarstuhls Meeting (Art.-Nr. A-1401130) reichen bei einem täglichen Verkauf von 50 Stück noch 8 Tage. Ermitteln Sie, wie viele Tage der Vorrat reicht, wenn täglich nur 20 Stück verkauft werden.

Material 1: Inventuraufnahmeliste

Inventuraufnahmeliste

Inventurergebnisse vom 31. 12. 20..

Übersicht über Fertigerzeugnisse

Produkt-gruppe	Produkt Art.-Nr.	Produktbeschreibung	Herstell-kosten in EUR	Lager-bestand in Stück	Lager-bestand in EUR
1	Denver A-1001100	Schreibtisch; Oberfläche der Tischplatte versiegelt	170,00	150	
	Starlight A-1002100 A-1002101	Solitärschreibtisch in Nierenform aus Massivholz; Oberfläche der Tischplatte versiegelt	610,00	135	
	Future A-1003110	Schreibtisch; Rahmen aus Stahlrohr, pulverbeschichtet; Glastischplatte	330,00	90	
2	Tiamo A-1100100 A-1100101	Rollcontainer mit drei Schubladen und Zahlbrettschieber; Holzgriffe; zentrales Sicherheitsschloss; Oberfläche versiegelt	335,00	145	
	Lilibe A-1101100 A-1101101	Rollcontainer, Schublade und Karteikarteneinsatz; Holzgriffe; zentrales Sicherheitsschloss, Oberfläche versiegelt	294,00	150	
3	Logo A-1200100 A-1200101 A-1200102	Konferenztisch, Rahmen pulverbeschichtet; Spanplatte in blau, lichtgrau oder graphit mit Melamin beschichtet	262,00	100	
	Basic G A-1201100	Konferenztisch aus Massivholz; versiegelt; erweiterbar zu Arbeitsinseln	355,00	120	
	Noris A-1202100	Konferenztisch aus Massivholz; geölt	226,00	180	
4	Solito A-1300100 A-1300101	Regalsystem aus Massivholz; drei eingebaute Schubladen; Sockelhöhenverstellung; geölt	815,00	75	
	Mixt A-1301100	Regal aus beschichteten Spanplatten; wahlweise in blau, lichtgrau oder graphit	382,00	93	
5	Visit A-1400100 A-1400101 A-1400102	Konferenzstuhl; Rahmen pulverbeschichtet; mit Armlehnen; Sitz und Rücken umpolstert; Stoffbezug wahlweise in blau, lichtgrau oder graphit; stapelbar	27,00	350	
	Meeting A-1401100	Konferenz- und Seminarstuhl verchromt; ohne Armlehnen; Formschale aus massiver Buche; verkettbar und stapelbar; Gleiter	56,00	400	
6	Smile A-1500100	Bürostuhl mit Armlehnen; ergonomischer Muldensitz; Kopfstütze und Rückenlehne verstellbar; Synchronmechanik; Sicherheitsrollen; schwarz	361,00	110	
	Verdan A-1501100	Bürostuhl mit Ring-Armlehnen; Bandscheibensitz; verstellbare Rückenlehne mit Formschaumpolsterung, grau gefärbt	52,00	150	
7	sonstige Produkt-gruppen	Büroschränke, PC-Möbel, Möbel für den Empfangsbereich und Hocker	–	–	214 284,00
				Lager-bestand-(gesamt)	

Material 2: Kundenliste

Kundenliste mit offenen Posten zum 31. Dezember 20..				
Kd.-Nr.	**Firma**	**Telefon**	**Offene Posten**	**Ansprechpartner**
2401	Gertrud Brandt KG	040 121-0	82 500,00 EUR	Frau Haberting
2402	Junges Wohnen GmbH	0421 20555-50	243 620,00 EUR	Herr Langemaas
2403	Möblix GmbH	030 301020	145 210,00 EUR	Herr Trün jr.
2404	Westmoor KG	05235 887366	387 220,00 EUR	Herr Helmers
2405	Büroausstatter Winter OHG	089 48067	95 201,00 EUR	Frau Wiggers
2406	Brandes GmbH & Co. KG	0341 147-1633	195 865,00 EUR	Herr Sandberg
2407	Innovation AG	0351 2033-0	56 502,00 EUR	Frau Lamberti
2408	Weyermann & Söhne KG	07026 459163	75 890,00 EUR	Herr Baum
2409	Bleibtreu GmbH	07731 219693	66 520,00 EUR	Frau Winter
2499	Sonstige Kunden		71 472,00 EUR	

Material 3: Lieferantenliste

Lieferantenliste mit offenen Posten zum 31. Dezember 20..				
Lief.-Nr.	**Firma**	**Telefon**	**Offene Posten**	**Ansprechpartner**
4401	Bernhard Möller OHG	08241 141-0	760 400,00 EUR	Frau Reiner
4402	Lenz KG	0911 1212-0	163 889,58 EUR	Herr Dubny
4403	Naturholz AG	0821 6310-0	723 882,54 EUR	Herr Hain
4404	Holz- & Spanplattenfabrik Bresges GmbH	02161 4001-0	289 912,76 EUR	Frau Winkelbach
4405	Schraubenspezialist Müller e. K.	05520 555-0	120 051,00 EUR	Herr Kunze
4406	Holzschutz-, Lack- und Leimwerke AG	030 65-0	368 524,13 EUR	Frau Wachtel
4407	Blitz-Spedition GmbH	04101 4001-0	27 000,00 EUR	Frau Müller
4408	Franz Meyer e. K.	040 555-0	452 778,93 EUR	Herr Brinkhaus
4409	Holz Becker KG	07441 5560-75	390 556,55 EUR	Herr Rudolf
4499	Sonstige Lieferanten und Dienstleister		553 004,51 EUR	

Material 4: Vermögens- und Schuldenwerte

Grundstück	Industriepark 5, 89073 Ulm	1 920 600,00 EUR
Bauten auf eigenen Grundstücken	Fabrikgebäude	2 250 000,00 EUR
	Bürogebäude	1 682 900,00 EUR
Maschinen	Produktionsmaschinen	2 611 850,00 EUR
Fuhrpark	10 Pkw	insgesamt 162 000,00 EUR
	6 Lkw	insgesamt 252 500,00 EUR
	2 Gabelstapler	insgesamt 20 500,00 EUR
Betriebs- und Geschäftsausstattung	EDV-Anlage	216 000,00 EUR
	Büromöbel	398 000,00 EUR
	Kopierer	47 600,00 EUR
	Telefonanlage	28 500,00 EUR
	Faxgeräte	9 550,00 EUR
Roh-, Hilfs- und Betriebsstoffe	Rohstoffe	777 118,00 EUR
	Hilfsstoffe	569 900,00 EUR
	Betriebsstoffe	286 700,00 EUR
Unfertige Erzeugnisse		986 000,00 EUR
Fertigerzeugnisse	siehe Material 1	
Waren		400 000,00 EUR
Forderungen a. L. u. L.	siehe Material 2	
Bankguthaben	Sparkasse Ulm	725 400,00 EUR
	Commerzbank Ulm	500 482,00 EUR
Kassenbestand		36 570,00 EUR
Darlehen	Sparkasse Ulm	2 000 000,00 EUR
Verbindlichkeiten a. L. u. L.	siehe Material 3	
Sonstige Verbindlichkeiten	Finanzamt Ulm	286 000,00 EUR

Erläuterungen:

Waren: Hierbei handelt es sich um Produkte, die die Ulmer Büromöbel AG einkauft und unverändert weiterverkauft. Beispiele: Aktenvernichter, Tischkopierer, Faxgeräte u. a.

a. L. u. L.: aus Lieferungen und Leistungen

Material 5: Inventar

Inventar zum 31.12.20..

Ulmer Büromöbel AG

A. Vermögen

I. Anlagevermögen

1. Grundstück Industriepark 5, 89073 Ulm — 1920600,00 EUR
2. Bauten auf eigenen Grundstücken
   - ➤ ____________________
   - ➤ ____________________ ____________
3. Maschinen ____________
4. Fuhrpark
   - ➤ ____________________
   - ➤ ____________________
   - ➤ ____________________ ____________
5. Betriebs- und Geschäftsausstattung
   - ➤ ____________________
   - ➤ ____________________
   - ➤ ____________________
   - ➤ ____________________
   - ➤ ____________________ ____________

II. Umlaufvermögen

1. Rohstoffe ____________
2. Hilfsstoffe ____________
3. Betriebsstoffe ____________
4. Fertigerzeugnisse ____________
5. Unfertige Erzeugnisse ____________
6. Waren ____________
7. Forderungen a.L.u.L. (lt. Kundenliste) ____________
8. Bankguthaben
   - ➤ ____________________
   - ➤ ____________________ ____________
9. Kassenbestand ____________

Summe des Vermögens ____________

B. Schulden

1. Darlehen Sparkasse Ulm ____________
2. Verbindlichkeiten a.L.u.L. (lt. Lieferantenliste) ____________
3. Verbindlichkeiten gegenüber dem Finanzamt ____________

Summe der Schulden ____________

C. Ermittlung des Reinvermögens (Eigenkapitals)

Summe des Vermögens ____________
– Summe der Schulden ____________
= **Reinvermögen (Eigenkapital)** ____________

Schulbuch Kap. 5.3

2 Bilanz

Situation:

Nachdem René Drawe das Inventar erstellt hat, erhält er von Anja Vollmar, Leiterin der Buchhaltungsabteilung, den Auftrag, die Bilanz zu erstellen. Hierbei handelt es sich um eine Kurzfassung des Inventars in Kontenform.

Arbeitsaufträge:

1. Erstellen Sie die Bilanz der Ulmer Büromöbel AG zum 31. Dezember 20.. (Material 1).

2. Bearbeiten Sie folgende Aufgaben zur Bilanz:

   2.1 Ermitteln Sie das Gesamtvermögen der Ulmer Büromöbel AG.

   ____

   2.2 Berechnen Sie den prozentualen Anteil des Anlage- und Umlaufvermögens an dem Gesamtvermögen (Bilanzsumme).

   2.3 Ermitteln Sie den prozentualen Anteil der Waren am Umlaufvermögen.

   2.4 Berechnen Sie das prozentuale Verhältnis zwischen Eigenkapital und Fremdkapital.

20 Martin u.a. - ISBN 978-3-8120-1453-3

2.5 Ermitteln Sie, ob das Anlagevermögen durch das Eigenkapital gedeckt ist.

2.6 Der Büromöbelhersteller Möller KG hat bei einem Gesamtvermögen von 29,75 Mio. EUR ein Eigenkapital von 10,5 Mio. EUR. Begründen Sie rechnerisch, ob die Ulmer Büromöbel AG oder die Möller KG die bessere Eigenkapitalausstattung hat.

Material 1: Bilanz

Aktiva	**Bilanz zum 31. 12. 20. .**	Passiva

Ulm, den 5. Januar 20. .

Kathrin Sapel

Schulbuch Kap. 5.3.4

3 Bilanzveränderungen

Situation:

Nachdem René Drawe die Bilanz für das abgelaufene Geschäftsjahr fertiggestellt hat, widmet er sich wieder seiner täglichen Arbeit. Mehrere Belege (B) liegen auf seinem Schreibtisch.

UB Ulmer Büromöbel AG

Arbeitsaufträge:

1. Stellen Sie fest, welche Auswirkungen der auf dem Beleg 1 dokumentierte Geschäftsvorfall auf die Bilanz der Ulmer Büromöbel AG hat.

B	Betroffene Bilanzpositionen	Auswirkungen in EUR auf die Bilanzposition	Auswirkungen in EUR auf die Bilanzsumme	Anmerkungen*
1				

* Aktiv-Passiv-Mehrung/Aktivtausch/Aktiv-Passiv-Minderung/Passivtausch

2. Erstellen Sie unter Berücksichtigung der vorgegebenen Bilanz (Material1) und des dokumentierten Geschäftsvorfalls (Arbeitsauftrag 1) die neue Bilanz (Material 2).

3. In großen Unternehmen sind täglich einige hundert Geschäftsfälle zu bearbeiten. Beschreiben Sie, welchen Nachteil die unter Arbeitsauftrag 2 gewählte Verfahrensweise hat.

____

____

4. Stellen Sie dar, welche Auswirkungen die auf den Belegen 2–5 dokumentierten Geschäftsvorfälle auf die Bilanz der Ulmer Büromöbel AG haben.

B	Betroffene Bilanzpositionen	Auswirkungen in EUR auf die Bilanzposition	Auswirkungen in EUR auf die Bilanzsumme	Anmerkungen*
2				
3a				

B	Betroffene Bilanzpositionen	Auswirkungen in EUR auf die		Anmerkungen*
		Bilanzposition	Bilanzsumme	
3b				
4a				
4b				
5				

* Aktiv-Passiv-Mehrung/Aktivtausch/Aktiv-Passiv-Minderung/Passivtausch

Material 1: Bilanz

Aktiva	Bilanz zum 31. 12. 20..		Passiva
Grundstücke und Bauten	5 853 500,00	Eigenkapital	9 896 170,00
Techn. Anlagen und Maschinen	2 611 850,00	Darlehen*	2 000 000,00
Fuhrpark	435 000,00	Verbindlichkeiten a. L. u. L.	3 850 000,00
Betr.- und Geschäftsausstattung	699 650,00	Sonstige Verbindlichkeiten	286 000,00
Roh-, Hilfs- und Betriebsstoffe	1 633 718,00		
Unfertige Erzeugnisse	986 000,00		
Fertige Erzeugnisse	730 000,00		
Waren	400 000,00		
Forderungen a. L. u. L.	1 420 000,00		
Kassenbestand	36 570,00		
Guthaben bei Kreditinstituten (Bank)	1 225 882,00		
	16 032 170,00		16 032 170,00

* Verbindlichkeiten gegenüber Kreditinstituten

Material 2: Bilanz nach Geschäftsfall Nr. 1

Aktiva		Passiva	
	Bilanz zum 31. 12. 20. .		
Grundstücke und Bauten		Eigenkapital	
Techn. Anlagen und Maschinen		Darlehen*	
Fuhrpark		Verbindlichkeiten a. L. u. L.	
Betr.- und Geschäftsausstattung		Sonstige Verbindlichkeiten	
Roh-, Hilfs- und Betriebsstoffe			
Unfertige Erzeugnisse			
Fertige Erzeugnisse			
Waren			
Forderungen a. L. u. L.			
Kassenbestand			
Guthaben bei Kreditinstituten (Bank)			

* Verbindlichkeiten gegenüber Kreditinstituten

Beleg 1

Horst Delling KG

Laptop Computer

Horst Delling KG · Unterschweinstiege 35 · 60549 Frankfurt

Ulmer Büromöbel AG
Industriepark 5
89073 Ulm

Bei Zahlung bitte angeben:
R.-Nr.: 20-R058200
Datum: 02. 01. 20. .

Lieferung am: 02. 01. 20. .
L.-Nr.: 20-L058200
Lieferbedingung: Frei Haus

Rechnung

Art.-Nr.	Art.-Bezeichnung	Stück	Einzelpreis	Rabatt	Gesamtpreis
09-E550900	Delling-Abylon-Laptop E550900-DE-XX	10	750,00 EUR		7 500,00 EUR
				Rechnungspreis	7 500,00 EUR

Zahlungsziel 30 Tage, innerhalb 10 Tagen 2 % Skonto

Sitz der Gesellschaft: Frankfurt
Geschäftsführung: Horst Delling

RG Frankfurt, HRA 44807
USt-ID-Nr. DE 113 551 138

Telefon 069 9793-0
Telefax 069 34824-9000

Bankverbindung:
SEB AG Frankfurt
BIC: ESSEDE5FXXX
IBAN: DE62 5001 0111 1287 7222 00

Beleg 2

IBAN: DE61630500000041450075 | SPARKASSE ULM | BIC: SOLADES1ULM

Buchungstag	Tag der Wertstellung	Verwendungszweck/Buchungstext	
		alter Kontostand	+ 199 320,00
03.01.	03.01.	Lastschrift Bernhard Möller OHG Rechnungs-Nr. 356	– 11 900,00
		neuer Kontostand	+ 187 420,00

Ulmer Büromöbel AG
Industriepark 5
89073 Ulm

UST-ID DE 1463504540

Kontoauszug vom 03.01.20.. | Auszug 12 | Blatt 1

Bitte beachten Sie die Hinweise auf der Rückseite

Beleg 3

IBAN: DE61630500000041450075 | SPARKASSE ULM | BIC: SOLADES1ULM

	Buchungstag	Tag der Wertstellung	Verwendungszweck/Buchungstext	
			alter Kontostand	+ 187 420,00
3a	05.01.	05.01.	Geldautomat Sparkasse Ulm GA NR00005234 IBAN 30414500750000637526	– 1 000,00
3b	05.01.	05.01.	Zahlungseingang Debeka Bausparkasse BS-Darlehen 948335001	+ 15 000,00
			neuer Kontostand	+ 201 420,00

Ulmer Büromöbel AG
Industriepark 5
89073 Ulm

UST-ID DE 1463504540

Kontoauszug vom 05.01.20.. | Auszug 13 | Blatt 1

Bitte beachten Sie die Hinweise auf der Rückseite

Beleg 4

IBAN: DE61630500000041450075 | SPARKASSE ULM | BIC: SOLADES1ULM

	Buchungstag	Tag der Wertstellung	Verwendungszweck/Buchungstext	
			alter Kontostand	+ 201 420,00
4a	06.01.	06.01.	Zahlungseingang Gertrud Brandt KG R-NR 12-979	+ 2 261,00
4b	06.01.	06.01.	Lastschrift Naturholz AG Rechnungs-Nr. 362	– 25 585,00
			neuer Kontostand	+ 178 096,00

Ulmer Büromöbel AG
Industriepark 5
89073 Ulm

UST-ID DE 1463504540

Kontoauszug vom 06.01.20.. | Auszug 14 | Blatt 1

Bitte beachten Sie die Hinweise auf der Rückseite

Beleg 5

Interne Buchungsanweisung Nr. 1

Datum	Text	Betrag
07.01.20..	Die Verbindlichkeit über 12 733,00 EUR an Holz- & Spanplattenwerk Bresges GmbH (Rechnung 4404-22) wird in ein langfristiges Darlehen umgewandelt.	12 733,00 EUR

Schulbuch Kap. 5.4.2

4 Bestandskonten I: Konto Kasse

Situation:

Obwohl in der heutigen Zeit die meisten Geschäfte bargeldlos getätigt werden, sind Vorgänge, die in bar abgewickelt werden, keine Seltenheit. Frau Topak, Mitarbeiterin der Buchhaltung, ist bei der Ulmer Büromöbel AG für die Kassenbuchführung zuständig. Jeden Tag hält sie die Einnahmen und Ausgaben chronologisch in einem sogenannten Kassenbuch fest. Gegen 16:00 Uhr bucht sie die im Laufe des Tages angefallenen Zahlungsein- und -ausgänge auf dem Kassenkonto.

Arbeitsaufträge:

1. Am 14.09.20.. sind die unten aufgeführten Einnahmen und Ausgaben (Material 1) zu verzeichnen gewesen. Halten Sie die Zahlungsvorgänge in dem zur Verfügung stehenden Kassenbuch (Material 2) fest.
2. Buchen Sie anschließend die Zahlungsein- und -ausgänge auf dem Kassenkonto (Material 3) und schließen Sie es ab.
3. Ermitteln Sie, mit welchem Anfangsbestand das Kassenkonto am nächsten Tag neu eröffnet wird.

Anfangsbestand am 15.09.20..	

Material 1: Zahlungsvorgänge in bar am 14.09.20..

1	Barzahlung eines Kunden	500,00 EUR
2	Zahlung einer Handwerkerleistung bar	700,00 EUR
3	Zahlung an den Fensterputzer bar	350,00 EUR
4	Reisender gibt Reisespesen zurück	200,00 EUR
5	Zahlung für Telefongebühren bar	165,00 EUR
6	Kauf von Kuchen in der Bäckerei zur Bewirtung	50,00 EUR
7	Verkauf eines Bürostuhls an einen Mitarbeiter bar	120,00 EUR
8	Barspende an das Rote Kreuz	100,00 EUR
9	Lohnvorschuss bar	750,00 EUR
10	Kauf von Büromaterial bar	60,00 EUR
11	Aufgabe einer Zeitungsannonce bar	80,00 EUR
12	Barzahlung an einen Spediteur	1000,00 EUR
13	Abhebung vom Bankkonto und Einzahlung in die Kasse bar	2000,00 EUR
14	Mieteinnahme bar	400,00 EUR
15	Zahlung der Gehälter bar	1850,00 EUR
16	Zahlung von Transportkosten bar	250,00 EUR
17	Spesen für eine Geschäftsreise des Verkaufsleiters	600,00 EUR
18	Kauf einer Schreibtischlampe bar	180,00 EUR

Material 2: Kassenbuch

Kassenbuch am 14.09.20.. (in EUR)		
Vorgang	**Einnahmen**	**Ausgaben**
Kassenanfangsbestand	3 500,00	
Kassenschlussbestand (16:00 Uhr)		

Material 3: Konto Kasse

Soll	Kasse (in EUR)		Haben
Kassenanfangsbestand	3500,00		

21 Martin u.a. - ISBN 978-3-8120-1453-3

Schulbuch Kap. 5.4.2+5.4.3

5 Bestandskonten II: Aktiv- und Passivkonten

Situation:

Aufgrund der Vielzahl der Geschäftsvorfälle ist klar, dass in der Ulmer Büromöbel AG nicht nach jeder Belegerfassung eine neue Bilanz erstellt werden kann. Aus diesem Grund wird in der Buchführung für jede Bilanzposition ein eigenes Konto eingerichtet, auf dem die durch die Geschäftsvorfälle hervorgerufenen Veränderungen festgehalten werden.

Arbeitsaufträge:

1. Lösen Sie die Bilanz (Material 1) auf, indem Sie für die einzelnen Bilanzpositionen Konten einrichten (Material 2).
2. Tragen Sie anschließend die Bilanzwerte als Anfangsbestände ein (Material 2).
3. Erfassen Sie nun die Buchungen für die Belege 1–5 aus der Situation 3 (Bilanzveränderungen) in dem sogenannten Überlegungsschema (Material 3).
4. Übertragen Sie die Ergebnisse auf die Konten (Material 2) und ermitteln Sie die Schlussbestände.
5. Erstellen Sie die neue Bilanz der Ulmer Büromöbel AG (Material 4).

Material 1: Bilanz

Aktiva	**Bilanz zum 31. 12. 20..**		Passiva
Grundstücke und Bauten	5 853 500,00	Eigenkapital	9 896 170,00
Techn. Anlagen und Maschinen	2 611 850,00	Darlehen	2 000 000,00
Fuhrpark	435 000,00	Verbindlichkeiten a. L. u. L.	3 850 000,00
Betr.- und Geschäftsausstattung	699 650,00	Sonstige Verbindlichkeiten	286 000,00
Roh-, Hilfs- und Betriebsstoffe	1 633 718,00		
Unfertige Erzeugnisse	986 000,00		
Fertige Erzeugnisse	730 000,00		
Waren	400 000,00		
Forderungen a. L. u. L.	1 420 000,00		
Kassenbestand	36 570,00		
Guthaben bei Kreditinstituten (Bank)	1 225 882,00		
	16 032 170,00		16 032 170,00

Material 2: Konten der Bilanz (Hauptbuch)

Aktivkonten

S Grundstücke und Bauten H

S Techn. Anlagen und Maschinen H

S Fuhrpark H

S Betr.- u. Geschäftsausstattung H

S Roh-, Hilfs- und Betriebsstoffe H

S Unfertige Erzeugnisse H

S Fertige Erzeugnisse H

S Waren H

S Forderungen a. L. u. L. H

S Kassenbestand H

S Guthaben bei Kreditinstituten (Bank) H

Passivkonten

S Eigenkapital H

S Darlehen H

S Verbindlichkeiten a. L. u. L. H

S Sonstige Verbindlichkeiten H

Material 3: Überlegungsschema (Vorstufe zum Grundbuch)

B	Betroffene Konten	Veränderung	Soll	Haben
1				
2				
3 a				
3 b				
4 a				
4 b				
5				

Material 4: Neue Bilanz nach Buchung der Geschäftsvorfälle

Aktiva		**Bilanz zum 31. 12. 20..**	Passiva
Grundstücke und Bauten		Eigenkapital	
Techn. Anlagen und Maschinen		Darlehen	
Fuhrpark		Verbindlichkeiten a. L. u. L.	
Betr.- und Geschäftsausstattung		Sonstige Verbindlichkeiten	
Roh-, Hilfs- und Betriebsstoffe			
Unfertige Erzeugnisse			
Fertige Erzeugnisse			
Waren			
Forderungen a. L. u. L.			
Kassenbestand			
Guthaben bei Kreditinstituten (Bank)			

6 Einfache und zusammengesetzte Buchungssätze

Schulbuch Kap. 5.4.4

Situation:

Im Laufe des Tages hat René Drawe als Mitarbeiter der Buchhaltung eine Vielzahl von Geschäftsvorfällen zu bearbeiten. René Drawe bildet zu jedem Geschäftsvorfall einen Buchungssatz und trägt ihn in ein vereinfachtes Überlegungsschema, dem sogenannten Grundbuch, ein. Hierbei muss er zwischen einfachen und zusammengesetzten Buchungssätzen unterscheiden.

UB Ulmer Büromöbel AG

Arbeitsaufträge:

1. Bilden Sie zu den folgenden Geschäftsvorfällen die einfachen Buchungssätze und tragen Sie sie in das zur Verfügung stehende Grundbuch ein.

Geschäftsvorfälle:

a) Wir kaufen Notebooks für unsere Außendienstmitarbeiter im Wert von 10 000,00 EUR auf Ziel.

b) Wir zahlen eine Lieferantenrechnung durch Banküberweisung: 5 000,00 EUR.

c) Wir verkaufen einen gebrauchten Firmenwagen für 14 000,00 EUR bar.

d) Ein Kunde zahlt eine Rechnung durch Banküberweisung: 12 000,00 EUR.

e) Wir heben 1 200,00 EUR vom Bankkonto ab und legen den Betrag in die Kasse.

f) Kauf einer Bohrmaschine im Wert von 500,00 EUR bar.

g) Wir nehmen ein Darlehen in Höhe von 150 000,00 EUR auf. Der Betrag wird unserem Bankkonto gutgeschrieben.

Grundbuch

GV	Konten	Soll	Haben
a)			
b)			
c)			
d)			
e)			
f)			
g)			

2. Folgende Geschäftsvorfälle erfordern zusammengesetzte Buchungssätze. Bilden Sie die Buchungssätze und tragen Sie sie in das zur Verfügung stehende Grundbuch ein.

Geschäftsvorfälle:

a) Wir kaufen Smartphones im Wert von 4 000,00 EUR für unsere Außendienstmitarbeiter durch Banküberweisung 3 000,00 EUR und in bar 1 000,00 EUR.

b) Ein Kunde zahlt eine Rechnung in Höhe von 12 000,00 EUR durch Banküberweisung in Höhe von 10 000,00 EUR und in bar 2 000,00 EUR.

c) Wir zahlen eine Lieferantenrechnung über 8 000,00 EUR durch Banküberweisung 5 000,00 EUR und in bar 3 000,00 EUR.

d) Wir tilgen ein Darlehen von 10 000,00 EUR in bar 2 000,00 EUR und durch Banküberweisung in Höhe von 8 000,00 EUR.

e) Wir kaufen einen Lkw im Wert von 120 000,00 EUR in bar 10 000,00 EUR und durch Banküberweisung 40 000,00 EUR. Die Restverbindlichkeit in Höhe von 70 000,00 EUR muss in 3 Monaten gezahlt werden.

Grundbuch			
GV	Konten	Soll	Haben
a)			
b)			
c)			
d)			
e)			

7 Ergebniskonten (Erfolgskonten)

Schulbuch Kap. 5.6

Situation:

Die von René Drawe bearbeiteten Geschäftsvorfälle führten zu verschiedenen Veränderungen in der Bilanz der Ulmer Büromöbel AG. Die Bilanzposition Eigenkapital wurde bislang aber nicht berührt. Nun bearbeitet René Drawe Geschäftsvorfälle, die das Eigenkapital erhöhen bzw. vermindern.

UB Ulmer Büromöbel AG

Arbeitsaufträge:

1. Entscheiden Sie für folgende Geschäftsvorfälle, ob es sich um einen Aufwand oder einen Ertrag handelt. Kreuzen Sie an.

Nr.	Geschäftsvorfall	Aufwand	Ertrag
a)	Wir erhalten 5 000,00 EUR für eine vermietete Lagerhalle durch Banküberweisung.		
b)	Wir verkaufen Waren auf Ziel im Wert von 10 000,00 EUR.		
c)	Wir zahlen Gehälter in Höhe von 20 000,00 EUR per Banküberweisung.		
d)	Wir kaufen Büromaterial im Wert von 500,00 EUR bar.		
e)	Wir verkaufen eigene (fertige) Erzeugnisse für 25 000,00 EUR auf Ziel.		
f)	Für eine Werbung im Internet zahlen wir 1 000,00 EUR per Banküberweisung.		
g)	Die Bank schreibt uns für Ersparnisse Zinsen in Höhe von 400,00 EUR gut.		
h)	Wir kaufen Rohstoffe auf Ziel im Wert von 8 000,00 EUR und geben sie in die Produktion.		

2. Bilden Sie zu den obigen Geschäftsvorfällen die Buchungssätze inkl. der im Industriekontenrahmen zu findenden Kontonummern und tragen Sie sie in das zur Verfügung stehende Grundbuch ein.

Grundbuch			
GV	Konten	Soll	Haben
a)			
b)			
c)			
d)			

Grundbuch			
GV	**Konten**	**Soll**	**Haben**
e)			
f)			
g)			
h)			

3. Übertragen Sie Ihre Ergebnisse auf die entsprechenden Aufwands- und Ertragskonten und schließen Sie die Konten ab (Material 1). Um das Ganze übersichtlicher zu machen, verzichten wir hier auf die jeweiligen Gegenbuchungen auf den Bestandskonten.

4. Erstellen Sie das Gewinn- und Verlustkonto (GuV) der Ulmer Büromöbel AG (Material 2).

5. Berechnen Sie den Gewinn bzw. Verlust, den die Ulmer Büromöbel AG erzielt hat.

____

6. Übertragen Sie Ihr Ergebnis auf das Eigenkapitalkonto (Material 3) und schließen Sie das Konto ab.

7. Ermitteln Sie, welche Auswirkung das Ergebnis des GuV-Kontos auf das Eigenkapital hat.

____

Material 1: Ergebniskonten der Ulmer Büromöbel AG

Aufwandskonten

S	6000 Aufwendungen für Rohstoffe	H

S	6800 Büromaterial	H

S	6300 Gehälter	H

S	6870 Werbung	H

Ertragskonten

S	5000 UE für eigene Erzeugnisse	H

S	5100 Umsatzerlöse für Waren	H

S	5081 Miet- und Pachterlöse	H

S	5710 Zinserträge	H

Material 2: GuV-Konto der Ulmer Büromöbel AG

Soll	8020 Gewinn- und Verlustkonto (GuV)	Haben

Material 3: Eigenkapitalkonto der Ulmer Büromöbel AG

Soll	3000 Eigenkapital	Haben
	AB	9 896 170,00

22 Martin u.a. - ISBN 978-3-8120-1453-3

Schulbuch Kap. 5.8

8 Geschäftsgang mit Jahresabschluss

Situation:

Im abgelaufenen Geschäftsjahr kam es zu folgenden **Geschäftsvorfällen:**

Ulmer Büromöbel AG

a) Wir zahlen eine Lieferantenrechnung über 6 000,00 EUR durch Banküberweisung.
b) Wir verkaufen einen Firmenwagen für 30 000,00 EUR auf Ziel.
c) Wir zahlen Gehälter in Höhe von 24 000,00 EUR per Banküberweisung.
d) Wir kaufen Büromaterial im Wert von 300,00 EUR bar.
e) Wir verkaufen eigene (fertige) Erzeugnisse für 28 000,00 EUR auf Ziel.
f) Kauf einer Fertigungsmaschine im Wert von 8 000,00 EUR durch Banküberweisung.
g) Die Bank schreibt uns für Ersparnisse Zinsen in Höhe von 800,00 EUR gut.
h) Wir kaufen Rohstoffe auf Ziel im Wert von 10 000,00 EUR und geben sie in die Produktion.
i) Wir verkaufen Waren auf Ziel im Wert von 16 000,00 EUR.
j) Ein Kunde zahlt eine Rechnung über 14 000,00 EUR durch Banküberweisung.
k) Wir heben 1 200,00 EUR vom Bankkonto ab und legen den Betrag in die Kasse.

Arbeitsaufträge:

1. Erstellen Sie auf der Grundlage der Bilanz aus dem vorangegangenen Geschäftsjahr (Material 1) das Eröffnungsbilanzkonto (Material 2).

2. Lösen Sie die Bilanz in Konten auf und tragen Sie die Anfangsbestände ein (Material 3).

3. Bilden Sie die Buchungssätze inkl. Kontonummern und tragen Sie sie in das Grundbuch ein.

Grundbuch

GV	Konten	Soll	Haben
a)			
b)			
c)			
d)			
e)			

Grundbuch			
GV	Konten	Soll	Haben
f)			
g)			
h)			
i)			
j)			
k)			

4. Eröffnen Sie die Konten mit ihren Anfangsbeständen und buchen Sie auf den Konten die Geschäftsvorfälle (Material 3).

5. Erstellen Sie das Gewinn- und Verlustkonto (GuV) der Ulmer Büromöbel AG (Material 4).

6. Erstellen Sie das Schlussbilanzkonto der Ulmer Büromöbel AG (Material 5).

Material 1: Bilanz aus dem vorangegangenen Geschäftsjahr

Aktiva	Bilanz zum 31. 12. 20..		Passiva
Grundstücke und Bauten	5 853 500,00	Eigenkapital	9 896 170,00
Techn. Anlagen und Maschinen	2 611 850,00	Darlehen	2 000 000,00
Fuhrpark	435 000,00	Verbindlichkeiten a. L. u. L.	3 850 000,00
Betr.- und Geschäftsausstattung	699 650,00	Sonstige Verbindlichkeiten	286 000,00
Rohstoffe	1 633 718,00		
Unfertige Erzeugnisse	986 000,00		
Fertige Erzeugnisse	730 000,00		
Waren	400 000,00		
Forderungen a. L. u. L.	1 420 000,00		
Kassenbestand	36 570,00		
Guthaben bei Kreditinstituten (Bank)	1 225 882,00		
	16 032 170,00		16 032 170,00

Material 2: Eröffnungsbilanzkonto

Soll	8000 Eröffnungsbilanzkonto	Haben

Material 3: Bestands- und Erfolgskonten

S	0510 Bebaute Grundstücke	H

S	0860 Büromaschinen	H

S	0720 Anlagen und Maschinen	H

S	2000 Rohstoffe	H

S	0840 Fuhrpark	H

S	2100 Unfertige Erzeugnisse	H

S	2200 Fertige Erzeugnisse	H

S	2280 Waren	H

S	2400 Forderungen a. L. u. L.	H

S	2800 Bank	H

S	2880 Kasse	H

S	3000 Eigenkapital	H

S	4250 Langfristige Bankverbindlichkeiten	H

S	4400 Verbindlichkeiten a. L. u. L.	H

S	4830 Sonstige Verbindlichkeiten	H

S	5000 UE für eigene Erzeugnisse	H

S	5100 Umsatzerlöse für Waren	H

S	5710 Zinserträge	H

S	6000 Aufwendungen für Rohstoffe	H

S	6300 Gehälter	H

S	6800 Büromaterial	H

Material 4: Gewinn- und Verlustkonto

Soll	8020 Gewinn- und Verlustkonto (GuV)	Haben

Material 5: Schlussbilanzkonto

Soll	8010 Schlussbilanzkonto	Haben

Schulbuch
Kap. 5.9

9 Umsatzsteuer

Situation:

Am Morgen des 5. Februar 20.. liegen zwei Rechnungen auf dem Schreibtisch von Mira Decker, der zuständigen Mitarbeiterin der Buchhaltung.

UB Ulmer Büromöbel AG

Beleg 1

Holz & Hobel AG
Schäfflerbachstraße 26
86003 Augsburg

Holz & Hobel AG · Schäfflerbachstraße 26 · 86003 Augsburg

Ulmer Büromöbel AG
Industriepark 5
89073 Ulm

Telefon: 0821 777-0
Telefax: 0821 777-3010
E-Mail: info@augsburg-holzundhobel.de

Kundennummer: 440309
Rechnung vom: 04.02.20..
Rechnungs-Nr.: 00-01-021
Sachbearbeiter: Herr Sittig
Bestellnummer: 941505
Bestelldatum: 01.02.20..
Lieferung am: 03.02.20..

Rechnung

Artikel	Artikelbezeichnung	Anzahl	Preis pro Holzpack	Bestellwert
121520	Holzbretter aus Kiefer im 10er Pack Länge 30 cm, Breite 23 cm, Stärke 2 cm	10	23,00 EUR	230,00 EUR
115510	Holzbretter aus Buche im 10er Pack Länge 60 cm, Breite 23 cm, Stärke 2,5 cm	10	53,12 EUR	531,20 EUR
			Warenwert	761,20 EUR
			+ 19% USt	144,63 EUR
			Rechnungsbetrag	905,83 EUR

Bitte überweisen Sie den entsprechenden Betrag innerhalb von 14 Tagen nach Rechnungsdatum.

Holz & Hobel AG
Geschäftsführung: Erwin Althaus
Amtsgericht Ausburg: HRB 6034
USt-ID-Nummer: DE 127493945
St.-Nr.: 521 8168 473

Bankverbindungen:
Kreissparkasse Augsburg
IBAN: DE05 7205 0101 0067 7562 44
BIC: BYLADEM1AUG

Sparda-Bank Augsburg eG
IBAN: DE87 7209 0500 0076 7493 12
BIC: GENODEF1S03

Beleg 2

Ulmer Büromöbel AG

Ulmer Büromöbel AG · Industriepark 5 · 89073 Ulm

Bleibtreu GmbH
Hohentwielstr. 88
78224 Singen

Bei Rückfragen bitte stets angeben:

Kundennummer:	D-2409
Auftragsnummer:	1-1099
Auftragsdatum:	01.02.20..
Lieferscheinnummer:	95 355
Lieferdatum:	04.02.20..
Rechnungsnummer:	101-099
Rechnungsdatum:	04.02.20..
Ihre Ansprechpartnerin:	Cornelia Wolf
Telefon:	0731 3879-46

Rechnung

Wir berechnen für unsere Lieferung vom 04.02.20..

Artikel-Nr.	Menge	Bezeichnung	Einzelpreis EUR	Gesamtpreis EUR
A-1300100	3	Solito Regalsystem	1 101,00	3 303,00

Warenwert, netto	3 303,00
+ Frachtkosten	0,00
	3 303,00
+ 19 % USt	627,57
Rechnungsbetrag	3 930,57

Bitte überweisen Sie den Betrag innerhalb von 30 Tagen nach Rechnungsdatum.

Wir danken für Ihren Auftrag!

Ulmer Büromöbel AG
Industriepark 5, 89073 Ulm
Registergericht Ulm HRB 84759
USt-ID Nr. DE 68 837 465
Vorstand: Robert Heim (Vorsitzender), Achim Abt, Kathrin Sapel
Vorsitzende des Aufsichtsrats: Sarah Kern

Bankverbindungen:
Commerzbank Ulm
IBAN: DE85 6304 0053 0041 4400 18 BIC: COBADEFFXXX
Sparkasse Ulm
IBAN: DE61 6305 0000 0041 4500 75 BIC: SOLADES1ULM

Arbeitsaufträge:

1. Nennen Sie die Art von Beleg, um die es sich in den vorliegenden Fällen handelt.

Beleg 1	
Beleg 2	

2. Buchen Sie die Geschäftsvorfälle auf die entsprechenden Konten.

Beleg 1

S	6000 Aufwendungen für Rohstoffe	H

S	2600 Vorsteuer	H

S	4400 Verbindlichkeiten a. L. u. L.	H

Beleg 2

S	2400 Forderungen a. L. u. L.	H

S	5000 UE für eigene Erzeugnisse	H

S	4800 Umsatzsteuer	H

3. Bilden Sie für beide Geschäftsvorfälle die Buchungssätze.

Beleg	Konten	Soll	Haben
1 (Einkauf)			
2 (Verkauf)			

4. Berechnen Sie in den beiden folgenden Fällen die Umsatzsteuer:

Geschäftsvorfälle	Umsatzsteuer
Wir kaufen Hilfsstoffe im Wert von 18 000,00 EUR netto zuzüglich 19 % USt	
Wir kaufen Hilfsstoffe im Wert von 18 000,00 EUR brutto einschließlich 19 % USt	

23 Martin u.a. - ISBN 978-3-8120-1453-3

5. Bilden Sie zu den folgenden Geschäftsvorfällen die Buchungssätze inkl. Kontonummern und tragen Sie sie in das zur Verfügung stehende Grundbuch (Material 1) ein.

Weitere Geschäftsvorfälle im Februar 20..

a) Wir verkaufen Handelswaren auf Ziel im Wert von 12 000,00 EUR + 19 % USt.

b) Wir verkaufen an ein Unternehmen einen gebrauchten Firmenwagen im Wert von 20 000,00 EUR gegen Barzahlung. Der Betrag enthält 19 % USt.

c) Wir kaufen Betriebsstoffe gegen Rechnung netto 6 800,00 EUR + 19 % USt.

d) Wir verkaufen Fertigerzeugnisse auf Ziel im Wert von 14 400,00 EUR brutto einschließlich 19 % USt.

e) Wir kaufen Kopiergeräte per Banküberweisung im Wert von 16 000,00 EUR zuzüglich 19 % USt.

Material 1:

Grundbuch			
GV	Konten	Soll	Haben
a)			
b)			
c)			
d)			
e)			

6. Die Ulmer Büromöbel AG muss spätestens am 10. März 20.. den Differenzbetrag zwischen der Umsatzsteuer und der Vorsteuer aus dem Monat Februar an das Finanzamt überweisen.

6.1 Berechnen Sie anhand der beiden Geschäftsvorfälle aus dem Einstiegsfall und den fünf weiteren Geschäftsvorfällen aus Arbeitsauftrag 5 den Überweisungsbetrag, sprich die Zahllast, für den Monat Februar.

Geschäftsvorfälle im Februar 20..	USt	VSt
Kauf von Rohstoffen (Einstiegsfall Beleg 1)		
Verkauf von Fertigerzeugnissen (Einstiegsfall Beleg 2)		
Verkauf von Handelswaren		
Verkauf von gebrauchtem Firmenwagen		
Kauf von Betriebsstoffen		
Verkauf von Fertigerzeugnissen		
Kauf von Kopiergeräten		
Summe		
Überweisungsbetrag für Februar		

6.2 Buchen Sie die Vorgänge auf den folgenden Konten.

S	2600 Vorsteuer	H

S	4800 Umsatzsteuer	H

S	2800 Bank	H
AB	10 000,00	

6.3 Bilden Sie die beiden Buchungssätze.

Grundbuch			
GV	**Konten**	**Soll**	**Haben**
Ermittlung der Zahllast			
Banküberweisung der Zahllast an das Finanzamt			

7. Nehmen Sie an, die Zahllast im Monat Dezember beträgt 6000,00 EUR. Hieraus ergibt sich die Situation, dass die Zahllast für den Monat Dezember am Bilanzstichtag, dem 31.12., noch nicht überwiesen ist. Dies geschieht ja meist erst am 10.01. des folgenden Jahres. Aus diesem Grund muss die Zahllast passiviert werden. Bilden Sie den Buchungssatz.

Grundbuch			
GV	**Konten**	**Soll**	**Haben**
Die Zahllast im Dezember ist am 31.12. zu passivieren			

8. Nehmen Sie an, im Monat Mai wurde mehr eingekauft, als verkauft werden konnte. Ergänzen Sie nachfolgenden Lückentext.

Summe Umsatzsteuer	3200,00 EUR
Summe Vorsteuer	4600,00 EUR

Die gezahlte Vorsteuer ist ____________ als die eingenommene Umsatzsteuer. Man spricht hier vom sogenannten ____________________. Das ______________ muss den Betrag ______________ oder mit der Zahllast des nächsten ____________ verrechnen.

9. Die Vorsteuer wird vom Finanzamt nur erstattet, wenn eine Rechnung bestimmte Voraussetzungen erfüllt. Prüfen Sie, ob die folgende Rechnung (Material 2) diesen Anforderungen genügt.

☐ Ja, die Rechnung erfüllt sämtliche Anforderungen.

☐ Nein, es fehlen folgende Voraussetzungen:

1	
2	

Material 2: Rechnung der Holz Becker KG

Holz Becker KG

Holz Becker KG ✦ Klausenstraße 55 ✦ 74389 Freudenstadt

Ulmer Büromöbel AG
Industriepark 5
89073 Ulm

Kunden-Nr.:	5494
Ihr Bestelldatum:	06.03.20..
Lieferschein-Nr.:	625 276
Ihr Ansprechpartner:	Jan Rudolf
Telefon:	07441 5560-75
E-Mail:	rudolf@holzbecker.de
Datum:	17.03.20..

Rechnung Nr. 14-256

Sehr geehrte Frau Wolf,

gemäß Ihrer Bestellung haben wir Ihnen folgende Artikel geliefert:

Bestell-nummer	Artikelbezeichnung	Menge	Einzelpreis	Gesamtpreis
623 459	Arbeitsplatte Buche massiv	1 120 St.	154,80 EUR	173 376,00 EUR
	– Rabatt			26 610,39 EUR
	+ Frachtkostenpauschale			200,00 EUR
	= Rechnungsbetrag netto			146 965,61 EUR
	+ 19 % USt			27 923,47 EUR
	= **Rechnungsbetrag brutto**			**174 889,08 EUR**

Bitte überweisen Sie den entsprechenden Betrag innerhalb von 14 Tagen nach Rechnungsdatum mit 2 % Skonto oder 30 Tagen netto Kasse.

Holz Becker KG

i. A. *Jan Rudolf*

Jan Rudolf

Geschäftsführung:
Peter Becker
Klaus Becker

Sitz der Gesellschaft:
Freudenstadt

Handelsregister:
Amtsgericht Freudenstadt
HRA 4568

Kommunikation:
Telefon: 07441 5560-0
Telefax: 07441 5560-1
E-Mail: info@holzbecker.de

Bankverbindungen:
Dresdner Bank Freudenstadt
IBAN: DE53600800000148835842
BIC: DRESDEFF600
Deutsche Bank Freudenstadt
IBAN: DE26640700850323698136
BIC: DEUTDESS640

Schulbuch Kap. 5.9

10 Beleggeschäftsgang unter Berücksichtigung der Umsatzsteuer

Situation:

Im abgelaufenen Geschäftsjahr kam es zu folgenden Geschäftsvorfällen (Belege 1–10). Beachten Sie, dass der Schlussbestand an Rohstoffen gemäß Inventur 398 000,00 EUR beträgt.

Ulmer Büromöbel AG

Arbeitsaufträge:

1. Erstellen Sie aus der Bilanz das Eröffnungsbilanzkonto (Material 1).
2. Lösen Sie die Bilanz in Konten auf und tragen Sie die Anfangsbestände ein (Material 3).
3. Bilden Sie die Buchungssätze inklusive Kontonummern und tragen Sie sie in das Grundbuch ein (Material 2).
4. Buchen Sie auf den Konten (Material 3) und schließen Sie die Konten ab.
5. Erstellen Sie das Gewinn- und Verlustkonto (GuV) und das Schlussbilanzkonto der Ulmer Büromöbel AG zum 31. Dez. 20.. (Material 4).

Material 1: Bilanz und Eröffnungsbilanzkonto

Bilanz zum 31. Dez. 20..

Aktiva			Passiva
Grundstücke und Bauten	4 400 000,00	Eigenkapital	4 220 000,00
Techn. Anlagen und Maschinen	2 520 000,00	Darlehen	5 500 000,00
Geschäftsausstattung	1 080 000,00	Verbindlichkeiten a. L. u. L.	300 000,00
Rohstoffe	400 000,00		
Fertige Erzeugnisse	820 000,00		
Forderungen a. L. u. L.	700 000,00		
Guthaben bei Kreditinstituten (Bank)	80 000,00		
Kassenbestand	20 000,00		
	10 020 000,00		10 020 000,00

8000 Eröffnungsbilanzkonto

Soll			Haben
3000 Eigenkapital	....	0510 Bebaute Grundstücke	....
4250 Langfr. Bankverbindl.	....	0720 Anlagen und Maschinen	....
4400 Verbindlichkeiten a. L. u. L.	....	0860 Büromaschinen	....
		2000 Rohstoffe	....
		2200 Fertige Erzeugnisse	....
		2400 Forderungen a. L. u. L.	....
		2800 Guthaben bei Kreditinst. (Bank)	....
		2880 Kasse	....

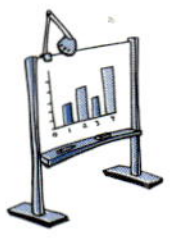

Material 2: Grundbuch

Grundbuch			
GV	Konten	Soll	Haben
1			
2			
3a			
3b			
4			
5a			
5b			
6			
7a			
7b			
8			
9			
10			

Material 3: Bestands- und Erfolgskonten

S 0510 Bebaute Grundstücke H

S 0720 Anlagen und Maschinen H

S 0860 Büromaschinen H

S 2000 Rohstoffe H

S 2200 Fertige Erzeugnisse H

S 2400 Forderungen a. L. u. L. H

S 2600 Vorsteuer H

S 2800 Bank H

S 2880 Kasse H

S 3000 Eigenkapital H

S 4250 Langfr. Bankverbindlichkeiten H

S	4400 Verbindlichkeiten a. L. u. L.	H

S	6000 Aufwendungen für Rohstoffe	H

S	6800 Büromaterial	H

S	4800 Umsatzsteuer	H

S	6830 Telekommunikationskosten	H

S	5000 UE für eigene Erzeugnisse	H

Material 4: GuV und Schlussbilanzkonto

Soll	8020 Gewinn- und Verlustkonto (GuV)	Haben

Soll		8010 Schlussbilanzkonto	Haben
0510 Bebaute Grundstücke		3000 Eigenkapital	
0720 Anlagen und Maschinen		4250 Langfr. Bankverbindl.	
0860 Büromaschinen		4400 Verbindlichkeiten a. L. u. L.	
2000 Rohstoffe		4800 Umsatzsteuer (ZL-Pass.)	
2200 Fertige Erzeugnisse			
2400 Forderungen a. L. u. L.			
2800 Guthaben bei Kreditinst. (Bank)			
2880 Kasse			

24 Martin u.a. - ISBN 978-3-8120-1453-3

Beleg 1

Ulmer Büromöbel AG

Ulmer Büromöbel AG · Industriepark 5 · 89073 Ulm

Innovation AG
Leipziger Str. 120
01127 Dresden

Bei Rückfragen bitte stets angeben:

Kundennummer:	D-5469
Auftragsnummer:	1-1395
Auftragsdatum:	10.11.20..
Lieferscheinnummer:	135 276
Lieferdatum:	18.11.20..
Rechnungsnummer:	0814-029
Rechnungsdatum:	18.11.20..
Ihre Ansprechpartnerin:	Tülay Can
Telefon:	0731 3879-75

Rechnung

Wir berechnen für unsere Lieferung vom 18.11.20..

Artikel-Nr.	Menge	Bezeichnung	Einzelpreis EUR	Gesamtpreis EUR
A-1100100	5	Rollcontainer Tiamo	460,00	2300,00

Warenwert, netto	2300,00
+ Frachtkosten	0,00
	2300,00
+ 19 % USt	437,00
Rechnungsbetrag	2737,00

Beleg 2

Quittung

Netto EUR	380,00
+19 % MwSt./EUR	72,20
Gesamt EUR	452,20

Nr. 32

EUR in Worten: Vierhundertzweiundfünfzig — Cent wie oben

von: Ulmer Büromöbel AG

für: Kopierpapier

dankend erhalten.

Ort/Datum: Ulm, 05.12.20..

Buchungsvermerke

Stempel/Unterschrift des Empfängers: Max Heimlich

Quittung

Beleg 3

IBAN		BIC
DE61630500000041450075	SPARKASSE ULM	SOLADES1ULM

Buchungstag	Tag der Wertstellung	Verwendungszweck/Buchungstext	
			alter Kontostand + 80 000,00
06. 12.	06. 12.	Lastschrift Lenz KG Rechnungs-Nr. 002216	– 7 791,22
06. 12.	06. 12.	Lastschrift Finanzamt Ulm USt-Zahllast November 20..	– 437,00
			+ 71 771,78 neuer Kontostand

Ulmer Büromöbel AG
Industriepark 5
89073 Ulm

UST-ID DE 1463504540	06. 12. 20.. Kontoauszug vom	120 Auszug	1 Blatt

Bitte beachten Sie die Hinweise auf der Rückseite

Beleg 4

IBAN		BIC
DE61630500000041450075	SPARKASSE ULM	SOLADES1ULM

Buchungstag	Tag der Wertstellung	Verwendungszweck/Buchungstext	
			alter Kontostand + 71 771,78
11. 12.	11. 12.	Barauszahlung für Geschäftskasse	– 3 000,00
			+ 68 771,78 neuer Kontostand

Ulmer Büromöbel AG
Industriepark 5
89073 Ulm

UST-ID DE 1463504540	11. 12. 20.. Kontoauszug vom	121 Auszug	1 Blatt

Bitte beachten Sie die Hinweise auf der Rückseite

Beleg 5

IBAN		BIC
DE61630500000041450075	SPARKASSE ULM	SOLADES1ULM

Buchungstag	Tag der Wertstellung	Verwendungszweck/Buchungstext	
			alter Kontostand + 68 771,78
12. 12.	12. 12.	Lastschrift Telekom-Anschluss inkl. 19 % USt* 040 6724-0 November 20..	– 714,00
12. 12.	12. 12.	Lastschrift Sparkasse Ulm Darlehen Nr. 2065633	– 3 500,00
			+ 64 557,78 neuer Kontostand

Ulmer Büromöbel AG
Industriepark 5
89073 Ulm

UST-ID DE 1463504540	12. 12. 20.. Kontoauszug vom	122 Auszug	1 Blatt

Bitte beachten Sie die Hinweise auf der Rückseite

* Rechnung der Telekom liegt vor und wird zeitgleich mit der Kontobelastung gebucht.

Beleg 6

Ulmer Büromöbel AG

Ulmer Büromöbel AG · Industriepark 5 · 89073 Ulm

Gertrud Brandt KG
Südstraße 7
20083 Hamburg

Bei Rückfragen bitte stets angeben:

Kundennummer:	D-2759
Auftragsnummer:	1-3499
Auftragsdatum:	12.12.20..
Lieferscheinnummer:	145 276
Lieferdatum:	19.12.20..
Rechnungsnummer:	0914-399
Rechnungsdatum:	19.12.20..
Ihr Ansprechpartner:	Niklas Höth
Telefon:	0731 3879-76

Rechnung

Wir berechnen für unsere Lieferung vom 19.12.20..

Artikel-Nr.	Menge	Bezeichnung	Einzelpreis EUR	Gesamtpreis EUR
A-1501100	60	Bürostuhl Verdan	90,00	5 400,00

Warenwert, netto	5 400,00
+ Frachtkosten	0,00
	5 400,00
+ 19 % USt	1 026,00
Rechnungsbetrag	6 426,00

Beleg 7

IBAN			BIC
DE61630500000041450075	SPARKASSE ULM		SOLADES1ULM

Buchungstag	Tag der Wertstellung	Verwendungszweck/Buchungstext	
		alter Kontostand	+ 63 802,13
20. 12.	20. 12.	Zahlungseingang Mega-Druck GmbH Rechnungsnummer 1-1107	+ 120 250,36
21. 12.	21. 12.	Lastschrift Franz Meyer e.K. Rechnungs-Nr. 430 458	− 17 354,68
		neuer Kontostand	+ 166 697,81

Ulmer Büromöbel AG
Industriepark 5
89073 Ulm

UST-ID DE 1463504540

Kontoauszug vom	Auszug	Blatt
21. 12. 20..	123	1

Bitte beachten Sie die Hinweise auf der Rückseite

SIK - KAD.898 S

50/00

Beleg 8

Carl Bärenbrink KG

Ihr Büroprofi

Carl Bärenbrink KG ✦ Brückenstr. 12 ✦ 50667 Köln

Ulmer Büromöbel AG
Industriepark 5
89073 Ulm

Kundennummer:	138413
Lieferung am:	17.12.20..
Ihr Zeichen:	sla
Ihr Nachricht vom:	23.12.20..
Unser Zeichen:	fra
Telefon:	07026 555-0
Telefax:	07026 555-20
E-Mail:	buero@baerenbrink.de
Datum:	24.12.20..

Rechnung Nr. 12-00574

Artikel-Nr.	Artikelbezeichnung	Menge	Einzelpreis	Gesamtpreis
7612	Kopiergerät „Copy Controller 2600"	1	1 450,00 EUR	1 450,00 EUR
	= Warenwert netto			1 450,00 EUR
	+ 19 % USt			275,50 EUR
	= **Rechnungsbetrag brutto**			**1 725,50 EUR**

Zahlungsziel: 18.01.20.. – 3 % Skonto bei Zahlung innerhalb von 14 Tagen.
Die Lieferung erfolgte auf der Grundlage unserer Allgemeinen Geschäftsbedingungen.

Beleg 9

Quittung

Netto EUR	1200,00
+19 % MwSt./EUR	228,00
Gesamt EUR	1428,00

Nr. 32

EUR in Worten: eintausendvierhundertachtundzwanzig — Cent wie oben

von: Ulmer Büromöbel AG

für: Notebook Acer Extensa 4102 WMLI

dankend erhalten.

Ort/Datum: Ulm, 23.12.20..

Buchungsvermerke

Stempel/Unterschrift des Empfängers: Benjamin Buchheim

Quittung

Beleg 10

Holz & Hobel AG

Schäfflerbachstraße 26
86003 Augsburg

Holz & Hobel AG · Schäfflerbachstraße 26 · 86003 Augsburg

Ulmer Büromöbel AG
Industriepark 5
89073 Ulm

Telefon:	0821 777-0
Telefax:	0821 777-3010
E-Mail:	info@augsburg-holzundhobel.de

Kundennummer:	440309
Rechnung vom:	20.12.20..
Rechnungs-Nr.:	00-01-7653
Sachbearbeiter:	Herr Sittig
Bestellnummer:	9887532
Bestelldatum:	15.12.20..
Lieferung am:	19.12.20..

Rechnung

Artikel	Artikelbezeichnung	Anzahl	Preis pro Holzpack	Bestellwert
156632	Holzbretter aus Ahorn Länge 200 cm, Breite 10 cm, Stärke 2 cm	100	13,50 EUR	1 350,00 EUR

Warenwert	1 350,00 EUR
+ 19 % USt	256,50 EUR
Rechnungsbetrag	1 606,50 EUR

Zahlungsziel: 20.01.20..
–3 % Skonto bei Zahlung bis zum: 30.12.20..

Skonto	Skontozahlungsbetrag
48,20 EUR	1 558,30 EUR

Holz & Hobel AG
Geschäftsführung: Erwin Althaus
Amtsgericht Ausburg: HRB 6034
USt-ID-Nummer: DE 127493945
St.-Nr.: 521 8168 473

Bankverbindungen:
Kreissparkasse Augsburg
IBAN: DE05 7205 0101 0067 7562 44
BIC: BYLADEM1AUG

Sparda-Bank Augsburg eG
IBAN: DE87 7209 0500 0076 7493 12
BIC: GENODEF1S03

Schulbuch Kap. 5.11

11 Lohn- und Gehaltsabrechnungen

Situation:

Vanessa Bergmann, kaufmännische Mitarbeiterin der Personalabteilung, ist bei der Ulmer Büromöbel AG unter anderem für die Entgeltabrechnung zuständig. Derzeit ist sie damit beschäftigt, zu ermitteln, welcher Betrag den unten aufgeführten Mitarbeitern Ende des Monats Mai auf deren Girokonto zu überweisen ist.

Auszug aus den Personalstammdaten

Name, Vorname	Duwe, Petra	Schulz, Karin	Bruder, Manuel	Welde, Tim
Tätigkeit im Unternehmen	Verkaufs-sachbearbeiterin	Verkaufs-sachbearbeiterin	Abteilungsleiter Einkauf	Fertigungs-mitarbeiter (Annahme: über 23 Jahre alt!)
Familienstand	verheiratet	geschieden	verheiratet	ledig
Zahl der Kinder	1 Kind	1 Kind	1 Kind	–
Kinderfreibetrag	–	1	1	–
Steuerklasse	V	II	III	I
Religions-zugehörigkeit	ev.	rk.	–	rk.
Arbeitsentgelt	2420,00 EUR	2181,00 EUR	4472,00 EUR	2484,00 EUR
Vermögenswirksame Leistungen (VL) des Arbeitgebers lt. Betriebsvereinbarung	20,00 EUR	20,00 EUR	20,00 EUR	20,00 EUR
Sparbetrag des Arbeitnehmers für VL	20,00 EUR	20,00 EUR	20,00 EUR	10,00 EUR
Sonstiges 1	–	230,00 EUR Überstunden-zuschläge	300,00 EUR Urlaubsgeld	450,00 EUR Überstunden-zuschläge
Sonstiges 2	–	–	–	Hat am Anfang des Monats einen Vorschuss von 500,00 EUR erhalten.

Arbeitsaufträge:

1. Ermitteln Sie für den Monat Mai die Auszahlungsbeträge für die einzelnen Mitarbeiter. Nutzen Sie hierzu das zur Verfügung stehende Formular (Material 2) sowie die Lohnsteuertabelle (Material 1).

2. Berechnen Sie am Beispiel der Mitarbeiterin Petra Duwe sowohl den Arbeitgeberanteil (AG-Anteil) als auch den Arbeitnehmeranteil (AN-Anteil) zum Sozialversicherungsbeitrag.

Mitarbeiterin Petra Duwe	
AG-Anteil Krankenversicherung	
+ AG-Anteil Pflegeversicherung	
+ AG-Anteil Rentenversicherung	
+ AG-Anteil Arbeitslosenversicherung	
= **AG-Anteil Sozialversicherung**	
+ **AN-Anteil Sozialversicherung (siehe Material 2)**	
= **Gesamtbetrag Sozialversicherung**	

3. Stellen Sie fest, an wen und bis wann der Arbeitgeber die Lohnsteuer, die Kirchensteuer und den Solidaritätszuschlag abführen muss.

4. In der Buchhaltung der Ulmer Büromöbel AG sind unter anderem folgende drei Mitarbeiter beschäftigt:

Jennifer Falke	ledig, ohne Kinder
Ben Decker	verheiratet, 2 Kinder, Ehefrau ist nicht berufstätig
Lisa Steinke	alleinerziehend, 1 Kind

Alle drei Mitarbeiter verdienen 2956,00 EUR brutto im Monat.

4.1 Stellen Sie fest, welche Lohnsteuerklasse die drei Mitarbeiter haben und wie viel Lohnsteuer sie im Monat bezahlen müssen.

Mitarbeiter	Steuerklasse	Lohnsteuer
Jennifer Falke		
Ben Decker		
Lisa Steinke		

4.2 Nehmen Sie begründet Stellung, ob Sie die unterschiedliche Besteuerung als gerecht empfinden.

Material 1: Auszug aus der Lohnsteuertabelle

Abzüge an Lohnsteuer, Solidaritätszuschlag (SolZ) und Kirchensteuer (8%, 9%) in den Steuerklassen

Lohn/ Gehalt bis €*	I–VI		ohne Kinderfreibeträge			I, II, III, IV		mit Zahl der Kinderfreibeträge . . . 0,5			1			1,5			2			2,5			3**		
		LSt	SolZ	8%	9%		LSt	SolZ	8%	9%	SolZ	8%	9%	SolZ	8%	9%	SolZ	8%	9%	SolZ	8%	9%	SolZ	8%	9%
2 429,99	I,IV	311,83	17,15	24,94	28,06	I	311,83	12,65	18,41	20,71	8,41	12,24	13,77	—	6,46	7,27	—	1,66	1,87	—	—	—	—	—	—
	II	280,75	15,44	22,46	25,26	II	280,75	11,04	16,06	18,07	6,90	10,04	11,30	—	4,48	5,04	—	0,28	0,31	—	—	—	—	—	—
	III	99,16	—	7,93	8,92	III	99,16	—	3,50	3,94	—	—	—	—	—	—	—	—	—	—	—	—	—	—	—
	V	575,—	31,62	46,—	51,75	IV	311,83	14,87	21,63	24,33	12,65	18,41	20,71	10,50	15,28	17,19	8,41	12,24	13,77	6,39	9,30	10,46	—	6,46	7,27
	VI	609,66	33,53	48,77	54,86																				
2 432,99	I,IV	312,58	17,19	25,—	28,13	I	312,58	12,69	18,46	20,77	8,45	12,30	13,83	0,08	6,51	7,32	—	1,70	1,91	—	—	—	—	—	—
	II	281,50	15,48	22,52	25,33	II	281,50	11,08	16,12	18,13	6,94	10,10	11,36	—	4,53	5,09	—	0,31	0,35	—	—	—	—	—	—
	III	99,83	—	7,98	8,98	III	99,83	—	3,54	3,98	—	—	—	—	—	—	—	—	—	—	—	—	—	—	—
	V	576,—	31,68	46,08	51,84	IV	312,58	14,90	21,68	24,39	12,69	18,46	20,77	10,54	15,34	17,25	8,45	12,30	13,83	6,43	9,36	10,53	0,08	6,51	7,32
	VI	610,66	33,58	48,85	54,95																				
2 435,99	I,IV	313,33	17,23	25,06	28,19	I	313,33	12,73	18,52	20,83	8,49	12,35	13,89	0,20	6,56	7,38	—	1,73	1,94	—	—	—	—	—	—
	II	282,25	15,52	22,58	25,40	II	282,25	11,12	16,18	18,20	6,97	10,14	11,41	—	4,57	5,14	—	0,34	0,38	—	—	—	—	—	—
	III	100,50	—	8,04	9,04	III	100,50	—	3,58	4,03	—	—	—	—	—	—	—	—	—	—	—	—	—	—	—
	V	577,—	31,73	46,16	51,93	IV	313,33	14,95	21,74	24,46	12,73	18,52	20,83	10,58	15,39	17,31	8,49	12,35	13,89	6,47	9,41	10,58	0,20	6,56	7,38
	VI	611,83	33,65	48,94	55,06																				
2 438,99	I,IV	314,—	17,27	25,12	28,26	I	314,—	12,77	18,58	20,90	8,52	12,40	13,95	0,33	6,61	7,43	—	1,76	1,98	—	—	—	—	—	—
	II	282,91	15,56	22,63	25,46	II	282,91	11,16	16,23	18,26	7,01	10,20	11,47	—	4,62	5,19	—	0,37	0,41	—	—	—	—	—	—
	III	101,—	—	8,08	9,09	III	101,—	—	3,62	4,07	—	—	—	—	—	—	—	—	—	—	—	—	—	—	—
	V	578,—	31,79	46,24	52,02	IV	314,—	14,98	21,80	24,52	12,77	18,58	20,90	10,61	15,44	17,37	8,52	12,40	13,95	6,50	9,46	10,64	0,33	6,61	7,43
	VI	612,83	33,70	49,02	55,15																				
2 441,99	I,IV	314,75	17,31	25,18	28,32	I	314,75	12,81	18,63	20,96	8,56	12,46	14,01	0,45	6,66	7,49	—	1,80	2,03	—	—	—	—	—	—
	II	283,66	15,60	22,69	25,52	II	283,66	11,19	16,28	18,32	7,04	10,25	11,53	—	4,66	5,24	—	0,40	0,45	—	—	—	—	—	—
	III	101,66	—	8,13	9,14	III	101,66	—	3,66	4,12	—	—	—	—	—	—	—	—	—	—	—	—	—	—	—
	V	579,16	31,85	46,33	52,12	IV	314,75	15,02	21,86	24,59	12,81	18,63	20,96	10,65	15,50	17,43	8,56	12,46	14,01	6,54	9,51	10,70	0,45	6,66	7,49
	VI	613,83	33,76	49,10	55,24																				

Abzüge an Lohnsteuer, Solidaritätszuschlag (SolZ) und Kirchensteuer (8%, 9%) in den Steuerklassen

Lohn/ Gehalt bis €*	I–VI		ohne Kinderfreibeträge			I, II, III, IV		mit Zahl der Kinderfreibeträge . . . 0,5			1			1,5			2			2,5			3**		
		LSt	SolZ	8%	9%		LSt	SolZ	8%	9%	SolZ	8%	9%	SolZ	8%	9%	SolZ	8%	9%	SolZ	8%	9%	SolZ	8%	9%
2 948,99	I,IV	445,33	24,49	35,62	40,07	I	445,33	19,60	28,52	32,08	14,98	21,79	24,51	10,61	15,43	17,36	6,49	9,45	10,63	—	3,98	4,47	—	—	—
	II	411,66	22,64	32,93	37,04	II	411,66	17,85	25,96	29,21	13,31	19,37	21,79	9,04	13,16	14,80	2,08	7,31	8,22	—	2,28	2,57	—	—	—
	III	209,83	9,56	16,78	18,88	III	209,83	—	11,18	12,58	—	6,24	7,02	—	2,09	2,35	—	—	—	—	—	—	—	—	—
	V	759,66	41,78	60,77	68,36	IV	445,33	22,01	32,02	36,02	19,60	28,52	32,08	17,26	25,11	28,25	14,98	21,79	24,51	12,76	18,56	20,88	10,61	15,43	17,36
	VI	795,91	43,77	63,67	71,63																				
2 951,99	I,IV	446,16	24,53	35,69	40,15	I	446,16	19,65	28,58	32,15	15,01	21,84	24,57	10,64	15,48	17,42	6,53	9,50	10,68	—	4,02	4,52	—	—	—
	II	412,41	22,68	32,99	37,11	II	412,41	17,89	26,02	29,27	13,36	19,43	21,86	9,08	13,21	14,86	2,21	7,36	8,28	—	2,32	2,61	—	—	—
	III	210,50	9,70	16,84	18,94	III	210,50	—	11,24	12,64	—	6,28	7,06	—	2,13	2,39	—	—	—	—	—	—	—	—	—
	V	760,75	41,84	60,86	68,46	IV	446,16	22,06	32,09	36,10	19,65	28,58	32,15	17,30	25,17	28,31	15,01	21,84	24,57	12,80	18,62	20,94	10,64	15,48	17,42
	VI	797,—	43,83	63,76	71,73																				
2 954,99	I,IV	447,—	24,58	35,76	40,23	I	447,—	19,69	28,64	32,22	15,06	21,90	24,64	10,68	15,54	17,48	6,56	9,55	10,74	—	4,06	4,57	—	—	—
	II	413,25	22,72	33,06	37,19	II	413,25	17,93	26,08	29,34	13,39	19,48	21,92	9,12	13,26	14,92	2,33	7,41	8,33	—	2,36	2,65	—	—	—
	III	211,16	9,83	16,89	19,—	III	211,16	—	11,28	12,69	—	6,32	7,11	—	2,16	2,43	—	—	—	—	—	—	—	—	—
	V	761,83	41,90	60,94	68,56	IV	447,—	22,10	32,15	36,17	19,69	28,64	32,22	17,34	25,22	28,37	15,06	21,90	24,64	12,84	18,68	21,01	10,68	15,54	17,48
	VI	798,08	43,89	63,84	71,82																				
2 957,99	I,IV	447,75	24,62	35,82	40,29	I	447,75	19,73	28,70	32,29	15,10	21,96	24,71	10,72	15,60	17,55	6,60	9,60	10,80	—	4,11	4,62	—	0,02	0,02
	II	414,—	22,77	33,12	37,26	II	414,—	17,97	26,14	29,41	13,43	19,54	21,98	9,15	13,32	14,98	2,46	7,46	8,39	—	2,40	2,70	—	—	—
	III	211,83	9,96	16,94	19,06	III	211,83	—	11,33	12,74	—	6,36	7,15	—	2,20	2,47	—	—	—	—	—	—	—	—	—
	V	762,91	41,96	61,03	68,66	IV	447,75	22,15	32,22	36,24	19,73	28,70	32,29	17,38	25,28	28,44	15,10	21,96	24,71	12,87	18,73	21,07	10,72	15,60	17,55
	VI	799,16	43,95	63,93	71,92																				

Abzüge an Lohnsteuer, Solidaritätszuschlag (SolZ) und Kirchensteuer (8%, 9%) in den Steuerklassen

Lohn/ Gehalt bis €*	I–VI		ohne Kinderfreibeträge			I, II, III, IV		mit Zahl der Kinderfreibeträge . . . 0,5			1			1,5			2			2,5			3**		
		LSt	SolZ	8%	9%		LSt	SolZ	8%	9%	SolZ	8%	9%	SolZ	8%	9%	SolZ	8%	9%	SolZ	8%	9%	SolZ	8%	9%
4 790,99	I,IV	1 033,75	56,85	82,70	93,03	I	1 033,75	50,51	73,48	82,66	44,44	64,64	72,72	38,61	56,17	63,19	33,05	48,08	54,09	27,74	40,36	45,40	22,69	33,01	37,13
	II	990,16	54,45	79,21	89,11	II	990,16	48,22	70,14	78,90	42,23	61,43	69,11	36,51	53,10	59,74	31,04	45,15	50,79	25,83	37,57	42,26	20,87	30,36	34,16
	III	650,66	35,78	52,05	58,55	III	650,66	31,18	45,36	51,03	26,71	38,85	43,70	22,37	32,54	36,61	18,15	26,41	29,71	14,08	20,48	23,04	4,40	14,72	16,56
	V	1 451,08	79,80	116,08	130,59	IV	1 033,75	53,65	78,04	87,79	50,51	73,48	82,66	47,44	69,01	77,63	44,44	64,64	72,72	41,49	60,36	67,90	38,61	56,17	63,19
	VI	1 487,33	81,80	118,98	133,85																				
4 793,99	I,IV	1 034,91	56,92	82,79	93,14	I	1 034,91	50,58	73,57	82,76	44,49	64,72	72,81	38,67	56,25	63,28	33,10	48,15	54,17	27,79	40,43	45,48	22,74	33,08	37,22
	II	991,33	54,52	79,30	89,21	II	991,33	48,28	70,22	79,—	42,29	61,52	69,21	36,56	53,18	59,83	31,09	45,22	50,87	25,88	37,64	42,35	20,92	30,44	34,24
	III	651,50	35,83	52,12	58,63	III	651,50	31,23	45,42	51,10	26,75	38,92	43,78	22,41	32,60	36,67	18,20	26,48	29,79	14,11	20,53	23,09	4,56	14,78	16,63
	V	1 452,33	79,87	116,18	130,70	IV	1 034,91	53,71	78,13	87,89	50,58	73,57	82,76	47,50	69,10	77,73	44,49	64,72	72,81	41,55	60,44	67,99	38,67	56,25	63,28
	VI	1 488,58	81,87	119,08	133,97																				
4 796,99	I,IV	1 036,08	56,98	82,88	93,24	I	1 036,08	50,64	73,66	82,86	44,55	64,80	72,90	38,72	56,33	63,37	33,16	48,23	54,26	27,84	40,50	45,56	22,79	33,15	37,29
	II	992,41	54,58	79,39	89,31	II	992,41	48,34	70,31	79,10	42,35	61,60	69,30	36,62	53,26	59,92	31,14	45,30	50,96	25,93	37,72	42,43	20,97	30,50	34,31
	III	652,33	35,87	52,18	58,70	III	652,33	31,27	45,49	51,17	26,80	38,98	43,85	22,45	32,66	36,74	18,24	26,53	29,84	14,15	20,58	23,15	4,70	14,84	16,69
	V	1 453,50	79,94	116,28	130,81	IV	1 036,08	53,78	78,22	88,—	50,64	73,66	82,86	47,56	69,18	77,83	44,55	64,80	72,90	41,61	60,52	68,09	38,72	56,33	63,37
	VI	1 489,75	81,93	119,18	134,07																				
4 799,99	I,IV	1 037,16	57,04	82,97	93,34	I	1 037,16	50,70	73,74	82,96	44,61	64,89	73,—	38,78	56,41	63,46	33,21	48,30	54,34	27,89	40,58	45,65	22,83	33,22	37,37
	II	993,58	54,64	79,48	89,42	II	993,58	48,40	70,40	79,20	42,40	61,68	69,39	36,67	53,34	60,01	31,19	45,38	51,05	25,97	37,78	42,50	21,01	30,57	34,39
	III	653,16	35,92	52,25	58,78	III	653,16	31,31	45,54	51,23	26,84	39,04	43,92	22,49	32,72	36,81	18,28	26,60	29,92	14,19	20,65	23,23	4,83	14,89	16,75
	V	1 454,75	80,01	116,38	130,92	IV	1 037,16	53,84	78,31	88,10	50,70	73,74	82,96	47,62	69,27	77,93	44,61	64,89	73,—	41,66	60,60	68,18	38,78	56,41	63,46
	VI	1 491,—	82,—	119,28	134,19																				

25 Martin u.a. - ISBN 978-3-8120-1453-3

Material 2: Formular zur Entgeltabrechnung

Entgeltabrechnung	Mitarbeiter			
	Petra Duwe	Karin Schulz	Manuel Bruder	Tim Welde
Arbeitsentgelt				
+ VL vom Arbeitgeber				
+ Sonderzahlungen (z. B. Urlaubsgeld)				
+ Überstundenzuschläge				
= **Bruttoentgelt**				
– Lohnsteuer				
– Kirchensteuer				
– Solidaritätszuschlag				
– AN-Anteil Krankenversicherung*				
– AN-Anteil Pflegeversicherung				
– AN-Anteil Rentenversicherung				
– AN-Anteil Arbeitslosenversicherung				
= **Nettoentgelt**				
– Sparbetrag VL (VL vom Arbeitgeber + eigener Sparbetrag)				
– Vorschuss				
= **Auszahlungsbetrag (= Überweisungsbetrag)**				

* Jeweils inkl. eines Zusatzbeitrages in Höhe von 0,9 %.

Schulbuch Kap. 5.11.5

12 Buchung von Personalaufwendungen

Situation:

Vanessa Bergmann ist bei der Ulmer Büromöbel AG nicht nur für die Entgeltabrechungen, sondern auch für die entsprechenden Buchungen zuständig. Ist dies geschehen, weist sie die einzelnen Beträge zur Überweisung an. Aktuell liegen ihr folgende Daten vor:

Ulmer Büromöbel AG

Entgeltabrechnungsdaten:	
Name, Vorname	Birke, Lars
Familenstand	ledig, keine Kinder
Alter	26 Jahre
Adresse	Bachstr. 4, 89073 Ulm
Bruttoentgelt	2950,00 EUR
Steuerklasse	I
Religion	ev.
Krankenkasse	AOK Ulm

Arbeitsaufträge:

1. Ermitteln Sie zunächst das Nettoentgelt (Auszahlungsbetrag) für Herrn Birke. Nutzen Sie die Lohnsteuertabelle von S. 193.

   Hinweis: Aus Vereinfachungsgründen gehen wir in diesem Fall davon aus, dass bei der Ulmer Büromöbel AG keine vermögenswirksamen Leistungen gezahlt werden.

Entgeltabrechnung Lars Birke	
= **Bruttoentgelt**	
– Lohnsteuer	
– Kirchensteuer	
– Solidaritätszuschlag	
– AN-Anteil Krankenversicherung*	
– AN-Anteil Pflegeversicherung	
– AN-Anteil Rentenversicherung	
– AN-Anteil Arbeitslosenversicherung	
= **Nettoentgelt (Auszahlungsbetrag)**	

* Inkl. eines Zusatzbeitrages in Höhe von 0,9 %.

2. Ermitteln Sie den Betrag, den Vanessa Bergmann an die Finanzbehörde überweisen muss.

Sonstige Verbindlichkeiten gegenüber Finanzbehörden	

3. Berechnen Sie den Arbeitnehmeranteil zum Sozialversicherungsbeitrag.

Arbeitnehmeranteil zum Sozialversicherungsbeitrag	

4. Berechnen Sie nun den Arbeitgeberanteil zum Sozialversicherungsbeitrag.

Arbeitgeberanteil Krankenversicherung	
+ Arbeitgeberanteil Pflegeversicherung	
+ Arbeitgeberanteil Rentenversicherung	
+ Arbeitgeberanteil Arbeitslosenversicherung	
= Arbeitgeberanteil zum Sozialversicherungsbeitrag	

5. Ermitteln Sie nun den Betrag, den Vanessa Bergmann insgesamt als Sozialversicherungsbeitrag an die zuständige Krankenkasse, die AOK in Ulm, abführen muss.

Sozialversicherungsbeitrag (insgesamt)	

6. Bilden Sie die Buchungssätze für die Entgeltabrechnung für Herrn Birke inkl. Kontonummern und tragen Sie diese in das Grundbuch ein.

Grundbuch			
Nr.	**Konten**	**Soll**	**Haben**
1			
2 a			
2 b			
3			

Schulbuch Kap. 5.12+5.13

13 Buchung von Gegenständen des Anlagevermögens

Situation:

Max Meier ist bei der Ulmer Büromöbel AG für die Buchungen im Sachanlagenbereich zuständig. Am 10. Januar 20.. liegen folgende Belege auf seinem Schreibtisch:[1]

Ulmer Büromöbel AG

VOTH MASCHINENBAU OHG, ALTDORF

Voth Maschinenbau OHG · Industriestraße 1–20 · 72655 Altdorf

Ulmer Büromöbel AG
Industriepark 5
89073 Ulm

Lieferdatum: 03.01.20..
Rechnungsdatum: 05.01.20..

Rechnung-Nr. 01-017

Menge	Bezeichnung	Einzelpreis	Gesamtpreis
5	Sägemaschinen Typ 37-AC	15680,00 EUR	78400,00 EUR
		+ 19 % USt	14896,00 EUR
			93296,00 EUR

Vielen Dank für Ihren Auftrag!

Sitz der Gesellschaft: Altdorf Registergericht Nürnberg HRA 1854 Steuer-Nr.: 74859/32658

Quittung

Netto EUR 600,00
+19 % MwSt./EUR 114,00
Nr. 12 Gesamt EUR 714,00
EUR in Worten siebenhundertvierzehn — Cent wie oben
von Ulmer Büromöbel AG
für Anlieferung von 5 Sägemaschinen
Typ 37-AC dankend erhalten.
Ort/Datum Ulm, 03.01.20..
Buchungsvermerke — Stempel/Unterschrift des Empfängers
Blitz-Spedition GmbH
Postfach 34278
25462 Rellingen
i.A. Rudi Brummer

Quittung

1 Zum besseren Verständnis wird in der Einstiegssituation auf Anschaffungspreisminderungen wie Rabatte, Skonti, Boni und sonstige Nachlässe verzichtet.

Arbeitsaufträge:

1. Bilden Sie die Buchungssätze zum Geschäftsfall „Beschaffung eines Sachanlagegutes“ und tragen Sie sie in das Grundbuch ein:

   1.1 zum Zeitpunkt der Anschaffung der Sägemaschinen.

Grundbuch			
GV	**Konten**	**Soll**	**Haben**
Anschaffung der Sägemaschinen auf Ziel			

   1.2 bei der Zahlung der Eingangsrechnung für die Transportkosten bar. **Hinweis:** Bezugskosten, wie z. B. Transportkosten, werden direkt auf dem betreffenden Anlagekonto gebucht.

Grundbuch			
GV	**Konten**	**Soll**	**Haben**
Bezahlung der Transportkosten bar			

   1.3 bei der Zahlung der Eingangsrechnung für die Sägemaschinen per Banküberweisung.

Grundbuch			
GV	**Konten**	**Soll**	**Haben**
Begleichen der Rechnung per Banküberweisung			

2. Buchen Sie die Geschäftsfälle auf den folgenden Konten.

S	0720 Anlagen und Maschinen	H

S	2880 Kasse	H
AB	10 000,00	

S	2600 Vorsteuer	H

S	4400 Verbindlichkeiten a. L. u. L.	H

S	2800 Bank	H
AB	600 000,00	

3. Häufig werden im Rahmen von Kaufverträgen Rabatte, Skonti oder andere Nachlässe gewährt. Diese Nachlässe mindern den Anschaffungspreis und damit die Anschaffungskosten.

   Ermitteln Sie für den folgenden Fall die Anschaffungskosten.

   > Die Ulmer Büromöbel AG hat bei einem Autohändler in Stuttgart drei neue Fahrzeuge für ihre Außendienstmitarbeiter bestellt. Der Anschaffungspreis für die drei Fahrzeuge betrug insgesamt 92 000,00 EUR netto. Der Autohändler hat der Ulmer Büromöbel AG im Kaufvertrag bei Zahlung innerhalb von 14 Tagen nach Eingang der Rechnung 2 % Skonto eingeräumt, den die Ulmer Büromöbel AG auch auszunutzen gedenkt. Für die Überführung der Fahrzeuge aus Stuttgart sind 800,00 EUR netto zu veranschlagen.

4. Anlagegüter, wie z. B. die Sägemaschinen aus der Einstiegssituation, verlieren durch ihren täglichen Gebrauch an Wert. Um ihren Wert auf dem Schlussbilanzkonto richtig darzustellen, wird ein bestimmter Betrag, der sogenannte Abschreibungsbetrag, als Wertminderung von den Anschaffungskosten abgezogen.

   4.1 Ermitteln Sie zunächst die Anschaffungskosten der fünf Sägemaschinen.

4.2 Für die fünf Sägemaschinen wird eine Nutzungsdauer von acht Jahren angenommen. Führen Sie rechnerisch die Abschreibung nach der linearen Methode über die gesamte Laufzeit durch.

Anschaffungskosten	
– Abschreibung 1. Jahr	
= Buchwert am Ende des 1. Jahres	
– Abschreibung 2. Jahr	
= Buchwert am Ende des 2. Jahres	
– Abschreibung 3. Jahr	
= Buchwert am Ende des 3. Jahres	
– Abschreibung 4. Jahr	
= Buchwert am Ende des 4. Jahres	
– Abschreibung 5. Jahr	
= Buchwert am Ende des 5. Jahres	
– Abschreibung 6. Jahr	
= Buchwert am Ende des 6. Jahres	
– Abschreibung 7. Jahr	
= Buchwert am Ende des 7. Jahres	
– Abschreibung 8. Jahr	
= Buchwert am Ende des 8. Jahres	

4.3 Eine Alternative zur linearen Abschreibung stellt die degressive Abschreibung dar. Führen Sie rechnerisch die degressive Abschreibung über die gesamte Laufzeit durch.

Annahme: Der Abschreibungssatz beträgt 20 %.

Anschaffungskosten	
– Abschreibung 1. Jahr	
= Buchwert am Ende des 1. Jahres	
– Abschreibung 2. Jahr	
= Buchwert am Ende des 2. Jahres	
– Abschreibung 3. Jahr	
= Buchwert am Ende des 3. Jahres	
– Abschreibung 4. Jahr	
= Buchwert am Ende des 4. Jahres	
– Abschreibung 5. Jahr	
= Buchwert am Ende des 5. Jahres	
– Abschreibung 6. Jahr	
= Buchwert am Ende des 6. Jahres	
– Abschreibung 7. Jahr	
= Buchwert am Ende des 7. Jahres	
– Abschreibung 8. Jahr	
= Buchwert am Ende des 8. Jahres	

4.4 Da bei der degressiven Abschreibung im letzten Jahr ein sehr hoher Betrag abgeschrieben werden muss, können die Unternehmen zu einem beliebigen Zeitpunkt zur linearen Abschreibung wechseln.

4.4.1 Begründen Sie, zu welchem Zeitpunkt dieser Wechsel, bezogen auf das obige Beispiel, sinnvoll ist.

26 Martin u.a. - ISBN 978-3-8120-1453-3

4.4.2 Berechnen Sie die Abschreibungsbeträge für den Fall, dass der Wechsel von der degressiven zur linearen Abschreibung zu dem von Ihnen bestimmten Zeitpunkt stattfindet.

Anschaffungskosten		
– Abschreibung 1. Jahr		
= Buchwert am Ende des 1. Jahres		
– Abschreibung 2. Jahr		
= Buchwert am Ende des 2. Jahres		
– Abschreibung 3. Jahr		
= Buchwert am Ende des 3. Jahres		
– Abschreibung 4. Jahr		
= Buchwert am Ende des 4. Jahres		
– Abschreibung 5. Jahr		
= Buchwert am Ende des 5. Jahres		
– Abschreibung 6. Jahr		
= Buchwert am Ende des 6. Jahres		
– Abschreibung 7. Jahr		
= Buchwert am Ende des 7. Jahres		
– Abschreibung 8. Jahr		
= Buchwert am Ende des 8. Jahres		

5. Die Wertminderung des Anlagevermögens stellt einen betrieblichen Aufwand dar. Bilden Sie bezogen auf die Anschaffung der fünf Sägemaschinen die Buchungssätze zu den Geschäftsvorfällen und tragen Sie sie in das Grundbuch ein.

   Annahmen: Die Berechnung des Abschreibungsbetrages erfolgt nach der linearen Methode. Der Anfangsbestand auf dem Konto 0720 Anlagen und Maschinen beträgt 79 000,00 EUR.

Grundbuch			
GV	**Konten**	**Soll**	**Haben**
Buchung der Abschreibung			

Grundbuch			
GV	**Konten**	**Soll**	**Haben**
Buchungen beim Abschluss 1			

Grundbuch			
GV	**Konten**	**Soll**	**Haben**
Buchungen beim Abschluss 2			

6. Buchen Sie die Abschreibung und schließen Sie die Konten ab.

S	0720 Anlagen und Maschinen	H
AB	79 000,00	

S	8010 Schlussbilanzkonto	H

S	6520 Abschreibungen auf Sachanlagen	H

S	8020 GuV	H

Schulbuch Kap. 5.14

14 Zeitliche Abgrenzung

Situation:

Der Auszubildende zum Industriekaufmann, Simon Fischer, verstärkt aktuell die Buchhaltungsabteilung von Frau Vollmar. Die gesamte Abteilung ist zurzeit mit der Erstellung des Jahresabschlusses beschäftigt. Dem Auszubildenden Simon Fischer liegt folgende interne Mitteilung seiner Vorgesetzten Frau Vollmar vor:

Interne Mitteilung

Ulmer Büromöbel AG

an: Simon Fischer (Buchhaltung)
von: Anja Vollmar

Abteilung: Buchhaltung
Datum: 20.12.20..
Zeichen: vo

Sehr geehrter Herr Fischer,

prüfen Sie bitte, inwiefern nachfolgende Geschäftsvorfälle im Jahresabschluss der Ulmer Büromöbel AG intergriert werden müssen.

a) Die Ulmer Büromöbel AG überweist immer vorab am 01.10. die halbjährliche Miete von 2400,00 EUR für eine extern angemietete Lagerhallte per Banküberweisung.

b) Die Ulmer Büromöbel AG erhält am 01.12. die vierteljährlichen Mieterträge für eine Betriebswohnung von 900,00 EUR (Dezember, Januar, Februar) auf dem Bankkonto gutgeschrieben.

c) Die Ulmer Büromöbel AG überweist die Darlehenszinsen für ein halbes Jahr (Oktober – März) von 2000,00 EUR rückwirkend am 01.04. per Banküberweisung.

d) Die Ulmer Büromöbel AG erhält am 01.03. die vierteljährlichen Zinserträge von 300,00 EUR für die Monate Dezember, Januar und Februar auf dem Bankkonto gutgeschrieben.

Mit freundlichen Grüßen

Anja Vollmar

Arbeitsaufträge:

1. Bilden Sie für alle Geschäftsvorfälle die Buchungssätze, dann die Korrekturbuchung zum 31.12. (falls nötig) und schließlich die Korrekturbuchung bzw. Buchung im neuen Geschäftsjahr.

   Hinweis: Geben Sie bei allen Buchungssätzen die Kontonummern an und tragen Sie Ihre vorgenommenen Buchungen in das Grundbuch ein.

a)

Grundbuch		
Buchungssatz		
Konten	**Soll**	**Haben**
Korrekturbuchung zum 31.12.		
Konten	**Soll**	**Haben**
Korrekturbuchung im neuen Geschäftsjahr		
Konten	**Soll**	**Haben**

b)

Grundbuch		
Buchungssatz		
Konten	**Soll**	**Haben**
Korrekturbuchung zum 31.12.		
Konten	**Soll**	**Haben**
Korrekturbuchung im neuen Geschäftsjahr		
Konten	**Soll**	**Haben**

c)

Grundbuch		
aktueller Buchungssatz		
Konten	Soll	Haben
Buchung im neuen Geschäftsjahr		
Konten	Soll	Haben

d)

Grundbuch		
aktueller Buchungssatz		
Konten	Soll	Haben
Buchung im neuen Geschäftsjahr		
Konten	Soll	Haben

2. Stellen Sie die Geschäftsvorfälle a) – d) mithilfe eines Zeitstrahles übersichtlich dar.

a)

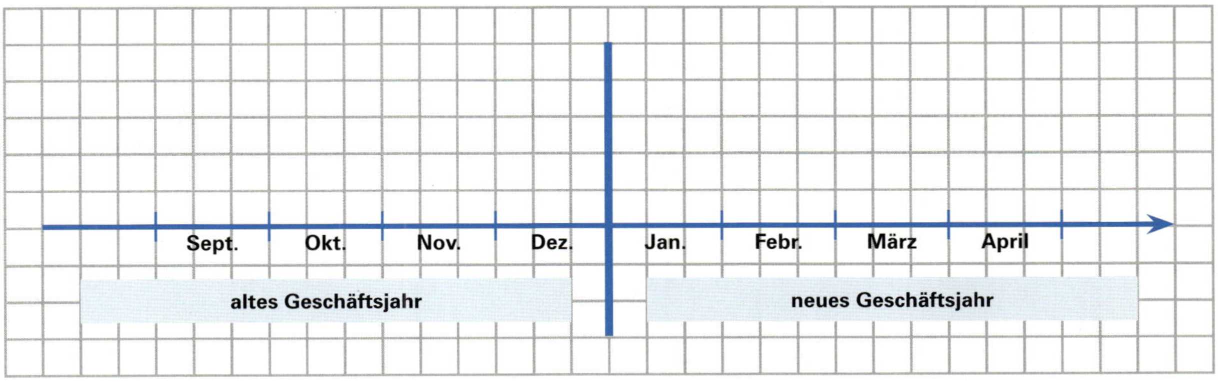

b)

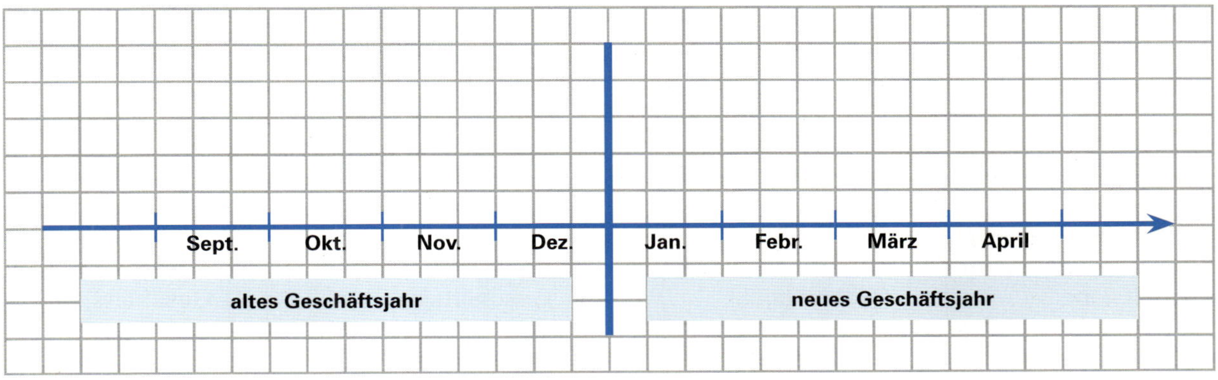

c)

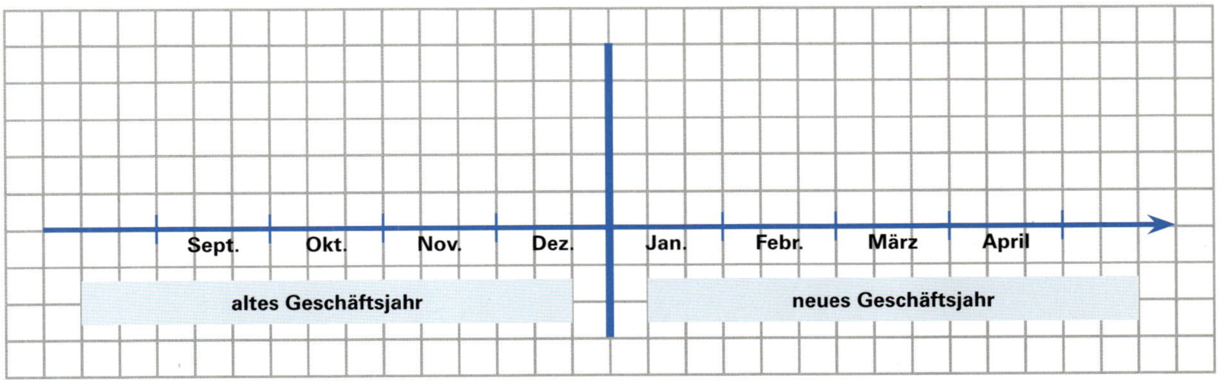

d)

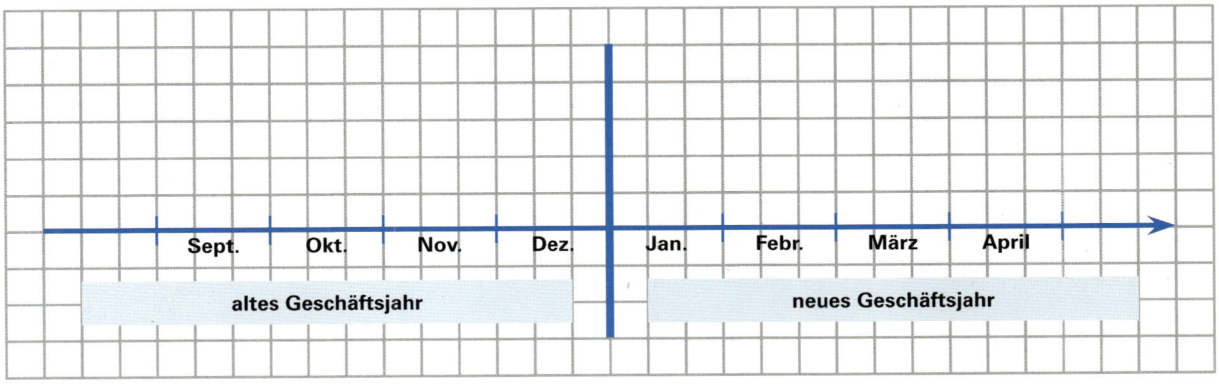

3. Erstellen Sie eine Übersicht zum Thema Zeitliche Abgrenzung mithilfe der nachfolgend dargestellten Strukturvorlage:

Hinweis: Nutzen Sie für die Bearbeitung folgende Begrifflichkeiten:
Aktive Jahresabgrenzung – Ausgabe – laufenden Geschäftsjahr – Einnahme – Passive Jahresabgrenzung – Ertrag – Sonstige Forderungen – Aufwand – Ertrag – Einnahme – nächsten Geschäftsjahr – Sonstige Verbindlichkeiten – Ausgabe – Aufwand

Die Zahlung erfolgt im ______		Die Zahlung erfolgt im ______	
↓	↓	↓	↓
______ erfolgt im laufenden Geschäftsjahr	______ erfolgt im laufenden Geschäftsjahr	______ erfolgt im laufenden Geschäftsjahr	______ erfolgt im laufenden Geschäftsjahr
______ erfolgt im nächsten Geschäftsjahr	______ erfolgt im nächsten Geschäftsjahr	______ erfolgt im nächsten Geschäftsjahr	______ erfolgt im nächsten Geschäftsjahr
↑	↑	↑	↑
______ ______	______ ______	______ ______	______ ______

Schulbuch Kap. 5.15

15 Rückstellungen

Situation:

Im laufenden Geschäftsjahr hatte die Ulmer Büromöbel AG des Öfteren Probleme mit der Zahlungsmoral mancher Kunden. Gegenüber dem Möbelhaus Saller GmbH aus Karlsruhe stehen mittlerweile offene Forderungen von über 100 000,00 EUR aus. Am 5. November beginnt nun das gerichtliche Mahnverfahren. Die Anwaltskanzlei Dr. Abt & Partner GmbH, welche die Ulmer Büromöbel AG in Rechtsfragen vertritt, rechnet mit Anwalts- und Gerichtskosten in Höhe von 2 000,00 EUR.

UB Ulmer Büromöbel AG

Arbeitsaufträge:

1. Erläutern Sie, weshalb in vorliegendem Fall eine Rückstellung im laufenden Geschäftsjahr zu bilden ist.

2. Bilden Sie den Buchungssatz für das laufende Geschäftsjahr (Bildung der Rückstellung).

Hinweis: Geben Sie bei allen Buchungssätzen die Kontonummern an und tragen Sie Ihre vorgenommenen Buchungen in das Grundbuch ein.

Grundbuch		
Konten	Soll	Haben

3. Bilden Sie den Buchungssatz für das laufende Geschäftsjahr (Auflösung der Rückstellung).

Hinweis: Geben Sie bei allen Buchungssätzen die Kontonummern an und tragen Sie Ihre vorgenommenen Buchungen in das Grundbuch ein.

3.1 Annahme: der geschätzte Betrag war um 500,00 EUR zu niedrig angesetzt.

Grundbuch		
Konten	Soll	Haben

3.2 Annahme: der geschätzte Betrag war um 500,00 EUR zu hoch angesetzt.

Grundbuch		
Konten	Soll	Haben

27 Martin u.a. - ISBN 978-3-8120-1453-3

Schulbuch Kap. 2.5

1 Familienrecht

Situation:

Karl Schuster, Mitarbeiter in der Konstruktionsabteilung der Ulmer Büromöbel AG, lebt mit seiner Ehefrau Linda im gesetzlichen Güterstand der Zugewinngemeinschaft. Die Ehe der beiden verläuft allerdings schon seit einiger Zeit sehr unharmonisch, sodass sich die beiden gemeinsam dazu entschieden haben, die Ehe durch Scheidung aufzulösen. Die gemeinsame Tochter Hannah ist 9 Jahre alt. Folgende Einkommens- und Vermögenswerte sind bekannt:

	Karl Schuster	Linda Schuster
Nettoeinkommen	2 800,00 EUR (Vollzeit)	1 200,00 EUR (Teilzeit)
Vermögen zu Beginn der Ehe	2 000,00 EUR	100 000,00 EUR
Bankkredit zu Beginn der Ehe	25 000,00 EUR	–
Einfamilienhaus am Stadtrand von Ulm (beide Eheleute sind Eigentümer)	480 000,00 EUR	
Guthaben auf Tagesgeldkonten am Tag der Einreichung der Scheidung		60 000,00 EUR
Wertpapierdepot am Tag der Einreichung der Scheidung		15 000,00 EUR

Arbeitsaufträge:

1. Nennen Sie zwei weitere Möglichkeiten, welche für das Ehepaar Schuster bei Eheschließung neben dem gesetzlichen Güterstand der Zugewinngemeinschaft möglich gewesen wären.

Möglichkeit 1	
Möglichkeit 2	

2. Berechnen Sie für beide Ehegatten den Zugewinn.

	Karl Schuster	Linda Schuster
Anfangsvermögen		
Endvermögen		

	Karl Schuster	Linda Schuster
Zugewinn		

3. Berechnen Sie die Höhe der Ausgleichsforderung.

4. Erläutern Sie, wer die Ausgleichsforderung an wen zu zahlen hat.

5. Beurteilen Sie die finanziellen Folgen für Herrn Schuster.

6. Recherchieren Sie im Internet mithilfe der „Düsseldorfer Tabelle", welchen Betrag Herr Schuster monatlich an Unterhalt für seine Tochter Hannah bezahlen muss, wenn diese bei seiner Ex-Frau lebt.

Schulbuch Kap. 2.6

2 Erbrecht

Situation:

Der Vater von Thorsten Zwießler, Vertriebsmitarbeiter der Ulmer Büromöbel AG, ist vergangene Woche verstorben. Der Verstorbene hinterlässt ein Vermögen von insgesamt 120 000,00 EUR. Der Vater von Herrn Zwießler hat zu Lebzeiten kein Testament verfasst.

Neben Thorsten Zwießler, der ledig ist und keine Kinder hat, gibt es noch nachfolgend aufgelistete Hinterbliebene:

- Antonia Zwießler (Witwe der Erblassers; die Ehe wurde bis zum Tod des Erblassers im gesetzliche Güterstand der Zugewinngemeinschaft geführt)
- Tom Zwießler (Sohn des Erblassers, allerdings vor drei Jahren durch einem Autounfall verstorben)
- Klara Zwießler (Schwiegertochter des Erblassers, Witwe von Tom Zwießler)
- Marie Zwießler (Enkelin des Erblassers, Tochter von Tom Zwießler)
- Amelie Zwießler (Enkelin des Erblassers, Tochter von Tom Zwießler)

Arbeitsaufträge:

1. Erläutern Sie, weshalb hier die gesetzliche Erbfolge greift.

2. Führen Sie die korrekte Verteilung des Vermögens vom Erblasser auf die Hinterbliebenen durch.

3. Gehen Sie von folgender Annahme aus: Es liegt ein rechtsgültiges Testament vor, bei dem der Erblasser seinen Sohn Thorsten „enterbt“ hat.

   3.1 Erläutern Sie, weshalb hier die gesetzliche Erbfolge nicht greift.

   3.2 Führen Sie die korrekte Verteilung des Vermögens vom Erblasser auf die Hinterbliebenen durch.

   3.3 Begründen Sie, weshalb der Wille des Erblassers, seinen Sohn vom Erbe auszuschließen, nur teilweise erfüllt werden kann.

Schulbuch LPE 3

3 Zahlungsverkehr

Situation:

Herr Bolte hat beim Autohaus Karrer OHG die Aufgabe, eingehende Rechnungen zu prüfen und zur Zahlung anzuweisen. Aktuell liegt ihm folgende Rechnung vor:

Ulmer Büromöbel AG

Ulmer Büromöbel AG · Industriepark 5 · 89073 Ulm

Autohaus Karrer OHG
Schwarzwaldstraße 10
72250 Freudenstadt

Bei Rückfragen bitte stets angeben:

Kundennummer:	D-9021
Auftragsnummer:	3-4200
Auftragsdatum:	28.02.20..
Lieferscheinnummer:	315 267
Lieferdatum:	20.03.20..
Rechnungsnummer:	8017-209
Rechnungsdatum:	20.03.20..
Ihr Ansprechpartner:	Marcel Kruse
Telefon:	0731 3879-77

Rechnung

Wir berechnen für unsere Lieferung vom 20.03.20..

Artikel-Nr.	Menge	Bezeichnung	Einzelpreis EUR	Gesamtpreis EUR
A-1003110	12	Schreibtisch Future	540,00	6480,00

Warenwert, netto	6480,00
+ Frachtkosten	0,00
	6480,00
+ 19 % USt	1231,20
Rechnungsbetrag	7711,20

Die Rechnung ist innerhalb von 14 Tagen nach Rechnungsdatum mit 3 % Skonto oder 30 Tage netto Kasse zu begleichen.

Wir danken für Ihren Auftrag!

Ulmer Büromöbel AG

i. A. *Marcel Kruse*

Marcel Kruse

Ulmer Büromöbel AG
Industriepark 5, 89073 Ulm
Registergericht Ulm HRB 84759
USt-ID Nr. DE 68 837 465
Vorstand: Robert Heim (Vorsitzender), Achim Abt, Kathrin Sapel
Vorsitzende des Aufsichtsrats: Sarah Kern

Bankverbindungen:
Commerzbank Ulm
IBAN: DE85 6304 0053 0041 4400 18 BIC: COBADEFFXXX
Sparkasse Ulm
IBAN: DE61 6305 0000 0041 4500 75 BIC: SOLADES1ULM

Arbeitsaufträge:

1. Nachdem Herr Bolte die Rechnung geprüft und für korrekt befunden hat, gibt er die Rechnung zur Zahlung frei.

   Nennen Sie zwei Möglichkeiten, wie das Autohaus Karrer OHG die Rechnung der Ulmer Büromöbel AG begleichen kann.

   ➤ ______________________________

   ➤ ______________________________

2. Bei der Autohaus Karrer OHG wird seit einiger Zeit eine Vielzahl von Bankgeschäften im Rahmen des Onlinebankings abgewickelt.

   2.1 Nennen Sie die beiden Nummern, die für die korrekte Ausführung der Onlineüberweisung angegeben werden müssen.

   Hinweis: Bei nationalen Überweisungen ist der BIC nicht zwingend erforderlich.

1	
2	

   2.2 Erläutern Sie, wie eine Aktion (z. B. die folgende Überweisung) autorisiert wird.

   ____

   ____

   ____

   2.3 Begleichen Sie aus Sicht der Autohaus Karrer OHG die Rechnung der Ulmer Büromöbel AG unter Ausnutzung von Skonto bei der Sparkasse Ulm.

   Hinweis: Füllen Sie in diesem Zusammenhang das folgende Formular aus:

Überweisung | Terminüberweisung | Sammelüberweisung | Termin-Sammler | ?

1 Daten eingeben | 2 Prüfen und Senden | 3 Bestätigung

Begünstigter (Name oder Firma)*:	
IBAN oder Konto*:	
BIC oder BLZ*:	
bei (Kreditinstitut):	wird automatisch eingefügt
Betrag*:	EUR
Referenz:	
Verwendungszweck:	
Ausführung:	TT.MM.JJJJ Eingabe nur, wenn terminierte (spätere) Ausführung gewünscht
IBAN des Auftraggebers*:	DE54650501100001843220
	☐ als Vorlage speichern

*Pflichtfeld

3. Die Ulmer Büromöbel AG hat im Gewerbepark Ulm eine weitere Lagerhalle angemietet. Die monatliche Miete beträgt 3 200,00 EUR.

3.1 Nennen Sie die Zahlungsalternative, die sich in diesem Fall anbietet.

Zahlungsalternative	

3.2 Erläutern Sie den Ablauf der von Ihnen unter 3.1 genannten Alternative.

4. Lisa Roltsch, Mitarbeiterin der Verkaufsabteilung der Ulmer Büromöbel AG, hat für ihr privates Smartphone in einem Handyshop in der Ulmer Innenstadt folgenden Tarif abgeschlossen:

Comfort S	
Monatliche Inklusivleistungen: 50 Minuten in alle deutschen Netze telefonieren 200 SMS in alle deutschen Mobilfunknetze Highspeed-Inklusivvolumen mit bis zu 7,2 MBit's	 kostenlos kostenlos kostenlos
Preise außerhalb der Inklusivleistung: Telefonie in alle deutschen Netze SMS in alle deutschen Netze	 19 Cent/Minute 19 Cent/Minute

4.1 Nennen Sie die Zahlungsalternative, die sich in diesem Fall anbietet.

Zahlungsalternative	

4.2 Erläutern Sie, weshalb die von Ihnen unter 4.1 genannte Alternative gewählt werden sollte.

5. Nennen Sie zwei Vorteile, die der SEPA-Dauerauftrag und das SEPA-Lastschriftverfahren im Vergleich zur SEPA-Überweisung für den Zahlungspflichtigen haben.

-
-

6. Bei alltäglichen Geschäften, z. B. beim Tanken oder an der Supermarktkasse, nutzen heute viele Kunden ihre Girocard. Hierbei sind mehrere Varianten denkbar.

Fall 1: Einmal in der Woche betankt Jasmin Schröder, 22-jährige Mitarbeiterin in der Buchhaltungsabteilung der Ulmer Büromöbel AG, ihren gebrauchten VW Golf an der örtlichen Tankstelle. Die Rechnung begleicht Jasmin, indem sie ihre Girocard in ein Kartenlesegerät einführt und ihre Geheimnummer (PIN) eingibt. Nach erfolgter Autorisierungsprüfung erhält sie den quittierten Kassenbeleg.

Fall 2: Im Supermarkt zahlt Jasmin ebenfalls mit ihrer Girocard. Hier ist das Verfahren jedoch etwas anders. Durch das Einführen der Girocard in das Kartenlesegerät wird ein Lastschriftbeleg erstellt, den Jasmin unterschreiben muss.

6.1 Nennen Sie die jeweiligen Zahlungsalternativen.

Fall 1	
Fall 2	

6.2 Bringen Sie die einzelnen Schritte des Zahlungsablaufs für den Fall 1 in die richtige Reihenfolge.

Hinweis: Nutzen Sie für die Bearbeitung folgende Begrifflichkeiten:
Lastschrift Jasmin Schröder – Autorisierungsprüfung – Kaufvertrag – Erfassung der Girocard im Terminal – Gutschrift Tankstellenbetreiber – Jasmin Schröder übergibt ihre Girocard an den Tankstellenbetreiber – Jasmin Schröder bekommt den Kassenbeleg – Jasmin Schröder bestätigt den Rechnungsbetrag und gibt die PIN ein

1.	
2.	
3.	
4.	
5.	
6.	
7.	
8.	

28 Martin u.a. - ISBN 978-3-8120-1453-3

6.3 Grundätzlich kommen sowohl an Tankstellen als auch in Supermärkten beide Verfahren zum Einsatz. Erläutern Sie den wesentlichen Nachteil, den das im Fall 2 verwendete Verfahren für den Händler hat.

____

____

____

____

____

____

____

7. Im darauffolgenden Monat weist der Kontoauszug von Jasmin Schröder unter anderem folgende Buchungen auf:

SIK – KAD 8/98 S

Bitte beachten Sie die Hinweise auf der Rückseite

IBAN: **DE92630500000000205020** **SPARKASSE ULM** BIC: **SOLADES1ULM**

	Buchungstag	Tag der Wertstellung	Verwendungszweck/Buchungstext		alter Kontostand
				+	1 320,00
(1)	04.05.	04.05.	Electronic-Cash Karte 2020–10 DM-Filiale Ulm	–	47,12
(2)	06.05.	06.05.	ELV Karte 2020–10 Rewe sagt Danke	–	17,38

Jasmin Schröder
Grimmelfinger Weg 46
89077 Ulm

\+ 1 255,50 neuer Kontostand

50/00

UST-ID DE 1463504540 09.05.20.. Kontoauszug vom | 22 Auszug | 1 Blatt

Jasmin Schröder ist der Meinung, dass sie diese Einkäufe nicht getätigt hat und möchte die Belastungen rückgängig machen.

Begründen Sie, ob die Sparkasse Ulm diesem Wunsch entsprechen kann.

Zu (1): Abbuchung der DM-Filiale

Zu (2): Abbuchung von Rewe

8. Neben der Girocard besitzt Jasmin Schröder auch eine Kreditkarte.

8.1 Nennen Sie vier Vorteile, die Jasmin Schröder durch die Bezahlung mit Kreditkarte hat.

➤ ______________________________

____

➤ ______________________________

____

➤ ______________________________

____

➤ ______________________________

____

8.2 Händler, die die Bezahlung mit Kreditkarte akzeptieren, müssen einen bestimmten Abschlag an das entsprechende Kreditkartenunternehmen bezahlen.

Nennen Sie den Fachbegriff und die Höhe dieses Abschlages.

____

____

____

9. Begründen Sie, welche bargeldlosen Zahlungsverfahren (Electronic-Cash, ELV oder Kreditkarte) Sie folgenden Anbietern jeweils empfehlen würden.

   Hinweis: Teilweise sind auch mehrere Antwortmöglichkeiten denkbar.

Anbieter	Electronic-Cash	ELV	Kredit-karte	Begründung
Online-Shop der Ulmer Büromöbel AG				
Thai-Imbiss im Gewerbepark von Ulm				
Juweliere in der Stuttgarter Königstraße				
Tankstelle am Stadtrand von Freiburg				

Schulbuch Kap. 4.2

4 Verbraucherdarlehen

Situation:

Carlo Albrecht, Mitarbeiter in der Qualitätssicherung bei der Ulmer Büromöbel AG, wohnt mit seiner Frau in einem Eigenheim am Stadtrand von Ulm. Seit dem Auszug ihres mittlerweile erwachsenen Sohnes steht die 2-Zimmer-Kellerwohnung leer. Das Ehepaar Albrecht möchte die nun leer stehende Wohnung nutzen, um eine finnische Dampfsauna einbauen zu lassen. Die Gesamtkosten der Sauna inkl. Anschlüsse und Sanitäranlagen belaufen sich auf ca. 15 000,00 EUR. Die Finanzierung soll über einen Konsumentenkredit bei der Hausbank erfolgen.

Arbeitsaufträge:

1. Nennen Sie zwei Unterlagen, welche das Ehepaar Albrecht bei ihrer Hausbank zur Prüfung der Kreditwürdigkeit vorlegen muss.

Unterlage 1	
Unterlage 2	

2. Die Hausbank von Familie Albrecht unterbreitet den Eheleuten ein Angebot über ein Annuitätendarlehen mit folgenden Konditionen:

   - Kreditbetrag 15 000,00 EUR
   - Sollzinssatz 3 % p. a.
   - Laufzeit 4 Jahre
   - Monatliche Zins- und Tilgungsverrechnung
   - Annuitätenfaktoren:

n \ p	2,0 %	2,5 %	3,0 %	3,5 %	4,0 %	4,5 %	5,0 %	5,5 %	6,0 %	7,0 %
1	1,0200	1,0250	1,0300	1,0350	1,0400	1,0450	1,0500	1,0550	1,0600	1,0700
2	0,5150	0,5188	0,5226	0,5264	0,5302	0,5340	0,5378	0,5416	0,5454	0,5531
3	0,3468	0,3501	0,3535	0,3569	0,3603	0,3638	0,3672	0,3707	0,3741	0,3811
4	0,2626	0,2658	0,2690	0,2723	0,2755	0,2787	0,2820	0,2853	0,2886	0,2952
5	0,2122	0,2152	0,2184	0,2215	0,2246	0,2278	0,2310	0,2342	0,2374	0,2439
6	0,1785	0,1815	0,1846	0,1877	0,1908	0,1939	0,1970	0,2002	0,2034	0,2098
7	0,1545	0,1575	0,1605	0,1635	0,1666	0,1697	0,1728	0,1760	0,1791	0,1856
8	0,1365	0,1395	0,1425	0,1455	0,1485	0,1516	0,1547	0,1579	0,1610	0,1675
9	0,1225	0,1255	0,1284	0,1314	0,1345	0,1376	0,1407	0,1438	0,1470	0,1535
10	0,1113	0,1143	0,1172	0,1202	0,1233	0,1264	0,1295	0,1327	0,1359	0,1424

2.1 Berechnen Sie die monatliche Belastung (Annuität) für Familie Albrecht.

2.2 Erstellen Sie einen Zins- und Tilgungsplan für die ersten drei Monate.

Monat	Restschuld in EUR Monatsanfang	Zinsen in EUR	Tilgung in EUR	Annuität in EUR

2.3 Ermitteln Sie den Gesamtbetrag der Zinsen über die Laufzeit von vier Jahren.

2.4 Die Eheleute Albrecht wünschen sich eine um 50,00 EUR reduzierte monatliche Belastung. Erläutern Sie, welche Auswirkung dies auf das Verbraucherdarlehen hat.

Hinweis: Es ist kein rechnerischer Nachweis erforderlich!

3. Berechnen Sie den effektiven Jahreszinssatz.

Hinweis: Nutzen Sie für die Berechnung die Daten von Aufgabe 2 und nehmen Sie zusätzlich an, dass die Hausbank ein Disagio von 2 % verlangt.

Schulbuch Kap. 4.4

5 Pkw-Leasing

Situation:

Manuel Bruder, Abteilungsleiter im Einkauf bei der Ulmer Büromöbel AG, hat eine Vorliebe für schnelle Autos. Von einem Kollegen wird er darauf aufmerksam gemacht, dass für ihn evtl. ein Pkw-Leasing interessant wäre. Folgende Daten bilden die Grundlage für ein Leasingangebot von Herrn Bruders Hausbank:

VW Golf VII GTI (Vollausstattung)

Listenpreis	48 800,00 EUR
Leasingrate monatlich	399,00 EUR
Einmalige Sonderzahlung	12 000,00 EUR
Kalkulierter Restwert	23 900,00 EUR
Laufzeit	36 Monate
Jährliche Fahrleistung	10 000 km

Nach Ablauf der Leasingvertragszeit kann das Auto zum kalkulierten Restwert vom Leasingnehmer erworben werden.

Arbeitsaufträge:

1. Erklären Sie Herrn Bruder das Wesen des Pkw-Leasings.

2. Berechnen Sie, bis zu welchem Betrag, bezogen auf die Gesamtausgaben, ein Kreditangebot der Hausbank günstiger als das Leasingangebot ist.

3. Erläutern Sie Herrn Bruder je drei Vor- und Nachteile des Pkw-Leasings gegenüber der Kreditfinanzierung des Golf VII GTI durch die Hausbank.

Vorteile	Nachteile